"十四五"新工科应用型教材建设项目成果
21世纪技能创新型人才培养系列教材
汽车系列

新能源汽车维护与保养

主　审◎邹世平
主　编◎袁兆鹏　徐夕玲　杨荣华
副主编◎李少辉　王东志　许　雯
　　　　徐　涛　乐绍林　向　驰
　　　　邹世平　谈祥安　孙　丽
参　编◎胡根荣　刘凤楼　杨　洋
　　　　魏洪元　朱　腾　万　凯
　　　　都昌胜

中国人民大学出版社
·北京·

图书在版编目（CIP）数据

新能源汽车维护与保养 / 袁兆鹏，徐夕玲，杨荣华主编．-- 北京：中国人民大学出版社，2022.6
21世纪技能创新型人才培养系列教材．汽车系列
ISBN 978-7-300-30609-4

Ⅰ.①新… Ⅱ.①袁… ②徐… ③杨… Ⅲ.①新能源－汽车－车辆修理－教材②新能源－汽车－车辆保养－教材 Ⅳ.①U469.7

中国版本图书馆CIP数据核字（2022）第079706号

"十四五"新工科应用型教材建设项目成果
21世纪技能创新型人才培养系列教材·汽车系列
新能源汽车维护与保养
主　审　邹世平
主　编　袁兆鹏　徐夕玲　杨荣华
副主编　李少辉　王东志　许　雯　徐　涛　乐绍林
　　　　向　驰　邹世平　谈祥安　孙　丽
参　编　胡根荣　刘凤楼　杨　洋　魏洪元
　　　　朱　腾　万　凯　都昌胜
Xinnengyuan Qiche Weihu yu Baoyang

出版发行　中国人民大学出版社
社　　址　北京中关村大街31号　　邮政编码　100080
电　　话　010－62511242（总编室）　010－62511770（质管部）
　　　　　010－82501766（邮购部）　010－62514148（门市部）
　　　　　010－62515195（发行公司）　010－62515275（盗版举报）
网　　址　http://www.crup.com.cn
　　　　　http://www.ttrnet.com
经　　销　新华书店
印　　刷　固安县铭成印刷有限公司
开　　本　787 mm×1092 mm　1/16　　版　　次　2022年6月第1版
印　　张　11.25　　印　　次　2025年8月第4次印刷
字　　数　224 000　　定　　价　46.00元

前言 PREFACE

党的二十大报告指出，教育、科技、人才是全面建设社会主义现代化国家的基础性、战略性支撑。教育是国之大计、党之大计。职业教育是我国教育体系的重要组成部分，肩负着“为党育人、为国育才”的神圣使命。本教材以习近平新时代中国特色社会主义思想为指导，深入贯彻落实党的二十大精神，将思想道德建设与专业素质培养融为一体，着力培养爱党爱国、敬业奉献，具有工匠精神的高素质技能人才。

随着我国新能源汽车技术的发展和推广应用，新能源电动汽车的数量急剧增加，社会对新能源汽车维修保养技能人才的需求量不断增多。为培养新能源汽车行业急需的技能型人才，在教育部、人力资源和社会保障部、财政部等部委联合举办的全国职业院校技能大赛中，增加了新能源汽车维修与保养项目。

本书遵循“以行业需求为导向，以能力形成为本位”的职业教育理念和“以工作过程为主线、以项目和任务驱动为主要形式”的职业教育课程开发思路，根据全国职业院校技能大赛新能源汽车项目竞赛方案中的考核要求，结合新能源汽车维修岗位的实际需求选取和设计了学习内容。

全书分为 11 个学习任务，共 23 个学习活动，主要包括认知工作环境、新车检测、高压部件绝缘检测、充电系统维护保养、动力电池系统维护保养、冷却系统维护保养等内容。学习任务和活动的选择紧贴生产实际与技能大赛考核要求，重在应用，高度提炼了新能源电动汽车维修保养工作岗位核心知识与技能。为便于理解和操作，本书采用了大量的图片与原厂维护保养数据资料，同时配套制作了教学课件和关键操作技术资料，力求做到文字简洁、图文并茂、直观易懂，非常有利于读者学习和掌握。

由于本书涉及内容新，编者水平有限，书中不足之处在所难免，恳请专家和广大读者批评指正。

编　者

目录 CONTENTS

学习任务 1

认知工作环境

任务目标

1. 能正确认知汽车维护与保养常用工具、设备。
2. 能按照汽车维修企业安全规章制度，树立安全生产意识。
3. 能熟悉并执行 5S 现场管理制度。

工作情境

作为一名汽车维修专业的学生，你在日常生活中经常能见到哪些类型的汽车维修店？你对这些类型的汽车维修店，有什么了解？下面分别给出三种类型的汽车维修店——汽车 4S 店、汽车连锁经营店、汽车快修快保店，请你在课余时间，利用走访、调研等方式，走进这些汽车维修店实地参观一下，从多角度实际感受一下它们之间的不同。

工作流程与活动

学习活动 1：汽车维修企业岗位认知。

学习活动 2：汽车维修企业规章、制度认知。

学习活动 3：5S 现场管理实施。

学习活动1

汽车维修企业岗位认知

★ 知识目标

1. 认识通用工具。
2. 能熟悉并说出汽车维修检测设备。
3. 能与他人合作，做好企业走访。

★ 活动准备

1. 工具：手锤、螺丝刀、钳子、扳手等。

2. 检测设备：举升机、废气分析仪、解码器、示波器、动平衡机、轮胎扒胎机、四轮定位仪、车身校正台、烤漆房等。

3. 其他材料：希沃授课一体机、国家标准《汽车维修业开业条件》、网络资料等。

活动过程

一、认识工具

通用工具有手锤、螺丝刀、套筒工具、拧力工具等。汽车修理常用鲤鱼钳和尖嘴钳。

新能源汽车常用的工具主要有：绝缘手套、绝缘鞋、护目镜、绝缘帽、绝缘万用表、绝缘工具等。

图例	工具名称	用途描述
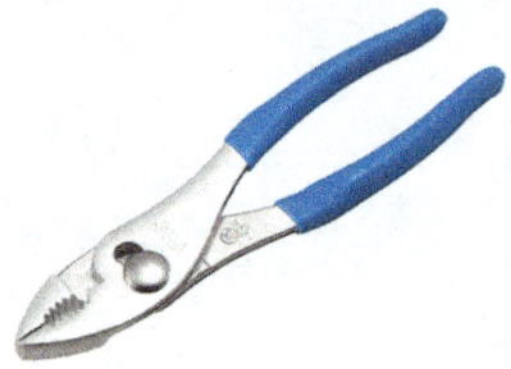	鲤鱼钳	夹持物件

续表

图例	工具名称	用途描述
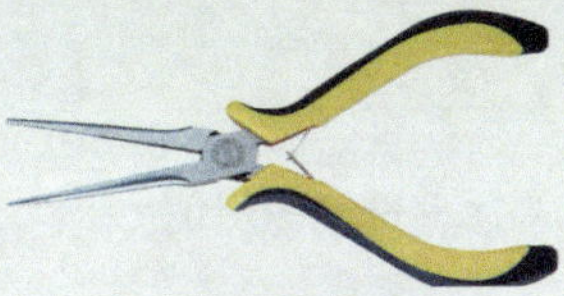	尖嘴钳	用于在狭小地方夹持零件
	套筒工具	用于组装或拆卸零部件的螺栓或螺母
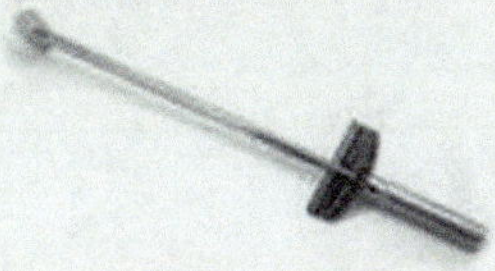	拧力工具	用于将螺栓或螺母拧到规定的拧紧力矩
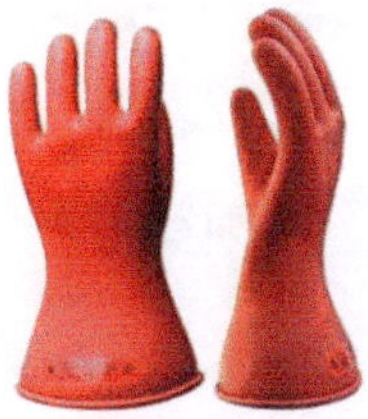	绝缘手套（绝缘等级为 1 000V/300A 以上）	拆除及安装高压部件时使用
	绝缘鞋	拆除及安装高压部件时使用
	护目镜	拆除及安装高压部件时使用
	绝缘帽	拆除及安装高压部件时使用

续表

图例	工具名称	用途描述
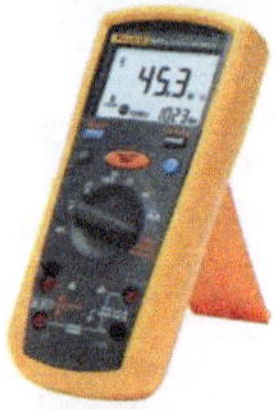	绝缘万用表	测试高压部件绝缘阻值
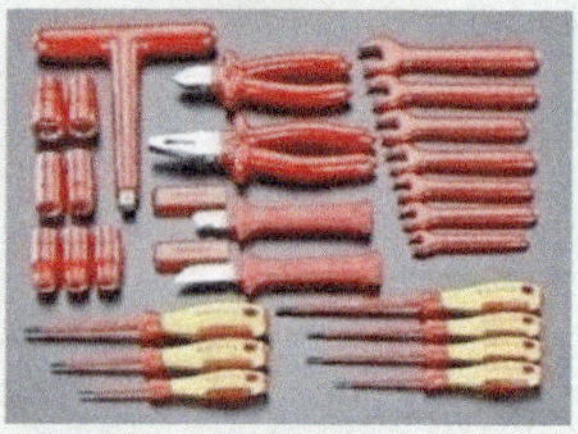	绝缘工具	拆除及安装高压部件时使用

二、认识设备

维修设备：柱式举升机、剪式举升机、手动液压平台车等。

检测分析设备：检测线、废气分析仪、解码器、灯光检测仪、冷媒加注器、烟度计、内窥镜等。

车轮、制动设备：车轮动平衡仪、轮胎扒胎机等。

钣金修复设备：车身校正仪、打磨系统、车身修复系统等。

图例	工具名称	用途描述
	二柱举升机	举升车辆
	剪式举升机	举升车辆

续表

图例	工具名称	用途描述
	动力电池举升器	举升动力电池，进行动力电池安装或拆卸
	车轮动平衡仪	进行车轮动平衡校正
	轮胎扒胎机	进行轮胎拆卸与安装
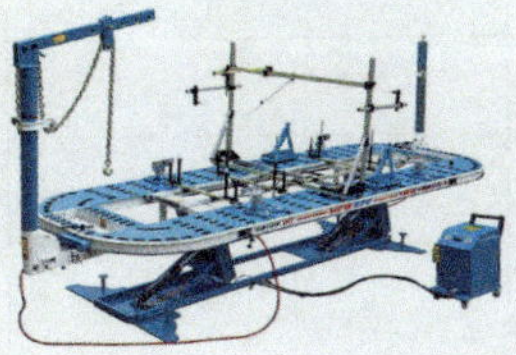	车身校正仪	车身及大梁校正

知识拓展

与其他汽车销售模式相比，汽车 4S 店有其独特的优势：

(1) 品牌优势，汽车 4S 店大多经营的是品牌效应好、市场份额比较大的汽车品牌。

(2) 完整和规范的服务系统。

(3) 多种多样的增值服务。

(4) 与客户有互动，顾客体验感好。

三、调研与思考

在课余时间，利用走访、调研方式，从多角度实际感受一下下列汽车维修企业之间的不同：

一类汽车维修企业：从事汽车大修和总成修理，亦可从事汽车维护、汽车小修和汽车专项修理。

二类汽车维修企业：从事汽车一级、二级维护和汽车小修。

三类汽车维修企业：从事汽车发动机、车身、电气系统、自动变速器维护，车身清洁维护、涂漆，轮胎动平衡及修补，四轮定位检测调整，供油系统维护及油品更换，曲轴修磨，气缸镗磨，汽车装潢等。

汽车4S店是目前比较常见的汽车维修企业，它采用“四位一体”的汽车特许经营模式。请查阅资料，将4S所对应的四个单词及其含义写下来。

学习活动2

汽车维修企业规章、制度认知

★ 知识目标

1. 走进汽车维修企业。
2. 撰写岗位调研报告。
3. 学习企业安全规章制度，树立安全生产意识。

★ 活动准备

1. 材料：汽车维修企业服务流程简图、汽车维修企业质量安全管理文件汇编等。
2. 设备：多媒体设备等。

活动过程

一、走进汽车维修企业

在汽车维修企业里，有许多重要的岗位，如企业负责人、技术负责人、汽修业务员、价格核算员、总检验员、采购员，每一个不同的岗位都有不同的工作职责，请采访或咨询你所参观的汽车维修企业的汽修业务员，了解一线汽修业务员的岗位职责包含哪些内容。

____

____

____

汽车维修企业的服务流程如图 1-1 所示，请咨询企业相关岗位人员后回答下列问题。

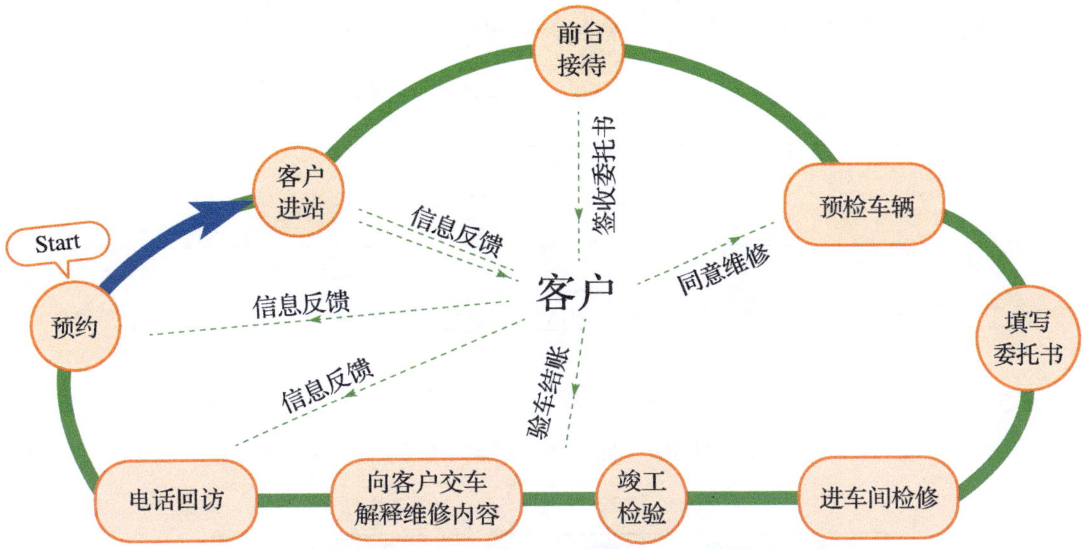

图 1-1 汽车维修服务流程图

（1）该企业汽车维修服务流程是怎样的？

____

____

____

（2）每个流程的服务要点是什么？

____

____

____

（3）查找相关资料，看看其他企业的服务流程与该企业的服务流程有什么区别。

______

______

______

______

为了对汽车维修岗位及其工作环境有更好、更深刻的认识，为后续汽车维修工作奠定基础，在完成上述参观、调研工作后，请同学们自愿结组，以小组为单位，以调研的一手材料为依据，通过集体讨论，以分工合作的方式撰写一份汽车维修岗位认知调研报告。调研报告撰写完毕后，请教师组织学生以小组为单位进行展示。

调研报告要包含如下内容：汽车维修企业的类型、业务范围、服务流程、组织架构、岗位职责、设施设备情况，请按照不同内容给组员分配任务进行撰写。调研报告字数不限。

教师对学生的调研报告进行评价，指出调研过程中的亮点和不足。

______

______

______

______

二、学习企业安全规章制度，树立安全生产意识

在生产车间等工作场所设置有醒目的标识，以提醒员工正确着装并做好安全防护工作。请在图 1－2 所示安全标识中挑选你在汽车维修车间看到过的标识，并说出其具体含义。

图 1－2　安全标识图

除图 1－2 所示安全标识外，你还见过哪些安全注意事项和标识？请将你看到的或者查询到的安全标识画在下面。

三、案例分析

脏乱差的汽车维修车间容易引起安全事故。近日，山西一家汽修厂着火，与以往所报道的维修厂失火不同，这次火灾并非是烤漆房失火，而是维修厂内的工作区域划分不清，乱堆乱放引起的。该汽修厂工人在进行汽车零件焊接时，火星不慎溅入旁边一汽油盆内，导致汽油盆起火，工人在使用灭火器实施灭火时不慎将汽油盆打翻，火苗将货架上的塑料配件引燃，从而发生火灾。

认真阅读汽车维修企业安全生产制度，分析上述案例中的汽修厂有哪些方面不符合安全生产制度的要求。

四、认识车间环保要求，思考如何恰当处理废弃物

环境保护，人人有责。清洁有序的环境也是保证汽车维修质量的重要条件。请你说说应当如何爱护我们周边的环境。

学习活动 3

5S 现场管理实施

★ 知识目标

1. 能说出 5S 现场管理的由来。
2. 能够通过学习了解每个“S”的含义。
3. 能够表述 5S 现场管理的意义。
4. 能与他人合作，进行有效沟通。

★ 活动准备

1. 材料：5S 现场管理制度相关材料。

2. 其他材料：希沃授课一体机，各维修车间、生产车间 5S 检查表（参考），互联网资源，展示白板。

活动过程

一、了解 5S 管理的发展

1. 5S 的由来

5S 源于日本，是指在生产现场对人员、机器、材料、方法等生产要素进行有效的管理。“5S”包括整理（Seiri）、整顿（Seiton）、清扫（Seiso）、清洁（Seiketsu）和素养（Shitsuke），因为这 5 个词的首字母都是“S”，故名。

2. 5S 被企业认可的原因

企业即使有先进的设备和生产工艺，但不对其进行有效的管理，工作场地一片混乱，工件乱堆乱放，结果只能造成生产效率低下，员工积极性下降，这样的企业管理是失败的。5S 现场管理可以有效地解决这个问题，使企业的工作环境得到较大改善，是帮助企业走上成功之路的重要手段。

二、学习5S管理

1. 整理

整理就是将必需品和非必需品区分开，必需品摆在指定位置挂牌明示，不要的东西坚决处理掉，在岗位上不要放置必需品以外的物品。

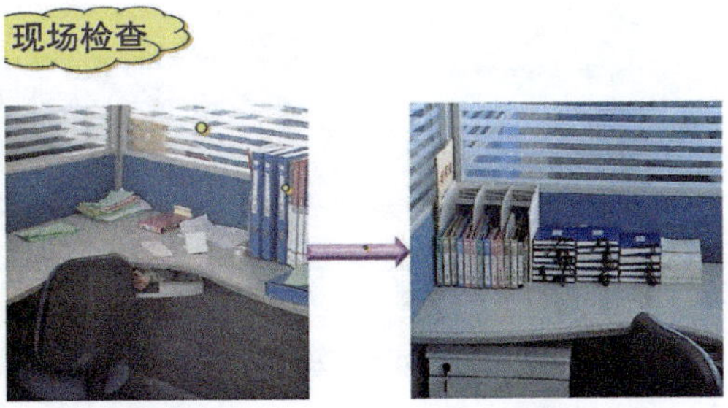

5S差！　　5S好！

做一做：请查询资料，说明“整理”的目的、意义和要点。查看实训车间，指出有哪些地方需要整理并马上整理。

2. 整顿

整顿就是将必需品依照规定的位置、规定的方法摆放整齐、有序，明确标示。

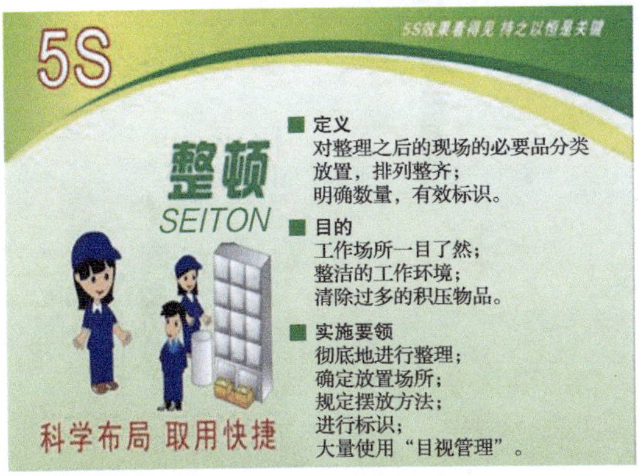

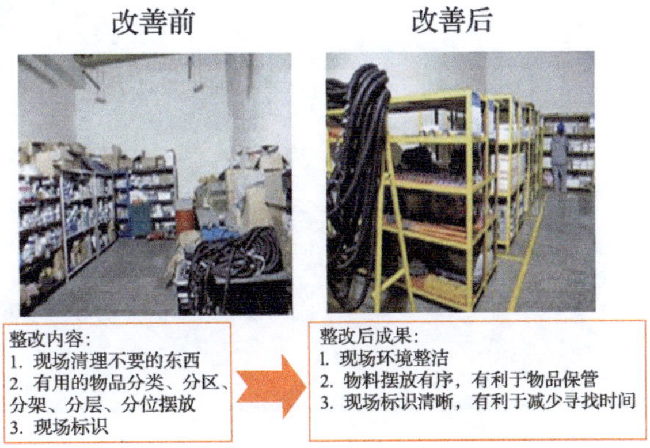

做一做：请查询资料，说明“整顿”的目的、意义和要点。查看车间、仓库，指出有哪些地方需要整顿并马上整顿。

3. 清扫

清扫就是将工作场所、环境、仪器设备、材料、工具等上的灰尘、污垢、碎屑等脏东西打扫、擦拭干净，创造一个一尘不染的环境。

清扫除了能清除污秽，确保员工的健康、安全，还能在早期发现设备的异常、松动，以达到预防保养的目的。

做一做：查看实训车间，指出有哪些地方需要清扫并马上清扫。

4. 清洁

清洁就是在“整理”“整顿”“清扫”之后的日常维持活动。

做一做：请查询资料，说明5S管理中“清扫”的目的。查看实训车间，指出有哪些地方需要清洁并马上清洁。

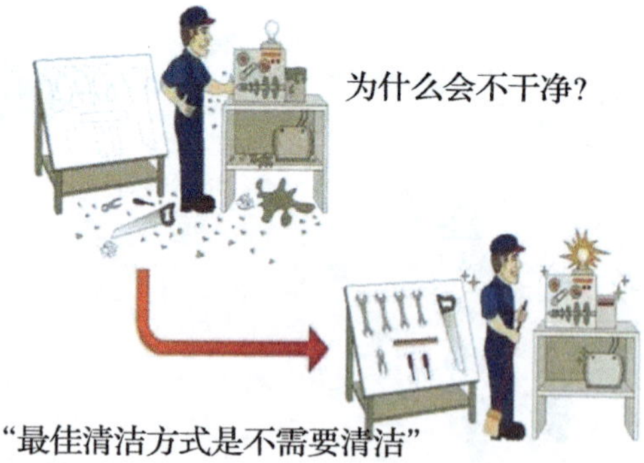

5. 素养

素养就是培养全体员工良好的工作习惯、组织纪律和敬业精神，这是5S活动的核心。

做一做：请查询资料，说明5S管理中“素养”的目的、意义，并结合自己分析一下为了形成良好的素养，平时应该注意改掉哪些不良习惯。

6. 5S 管理的重要意义

通过上面的学习，请你从环境意识、降低成本、减少故障等方面总结、归纳 5S 现场管理对企业的重要意义。

____

____

____

____

三、总结与思考

为了进一步强化 5S 现场管理意识，请同学们以小组为单位，在小组长的带领下通过集体讨论和分工合作的方式制作一张（或多张）5S 现场管理手抄报，并以小组为单位进行展示。展示结束后，请指导教师选择几张制作精美、思路清晰的手抄报张贴在车间、教室内。

手抄报制作完成后，组员分别设计展示解说词，经组内评价后推荐代表对展示的作品做必要的介绍。请给出你设计的解说词（200 字左右）。

____

____

____

在展示过程中，以小组为单位进行评价。评价完成后，归纳总结其他组成员对本组展示成果的评价意见。

____

____

学习任务过程评价表

班级：________　　　　姓名：________　　　　学号：________

项目	自我评价			小组评价			教师评价		
	9～10	6～8	1～5	9～10	6～8	1～5	9～10	6～8	1～5
	占总评 10%			占总评 30%			占总评 60%		
学习活动 1									
学习活动 2									
学习活动 3									
协作精神									
纪律观念									
表达能力									
工作态度									
安全意识									
任务总体表现									
小计									
总评									

任课教师：________　　年　月　日

学习任务 2

新车检测

任务目标

1. 能说出新车交车前检查项目的检查要点。
2. 能规范、快速、准确地对新车进行检查。
3. 能在新车检查过程中客观地记录检查结果。

工作情境

刘先生上周在北汽 4S 店预约了一辆新能源汽车北汽 EC200，相约明天来店提车，因此经理安排 PDI 专员今天给刘先生的新车做一次新车销售 PDI 作业。

工作流程与活动

学习活动 1：PDI 认知。

学习活动 2：新车检测实施。

学习活动 1

PDI 认知

★ 知识目标

1. 能正确描述 PDI 的含义。
2. 能根据要求正确说出 PDI 检测的要点。

★ 活动准备

1. 学习工具：学习笔记本、笔等。
2. 其他材料：北汽 EC200 实训车辆、希沃授课一体机、网络资料等。

活动过程

一、了解新车交车检验的意义

经销商在新车交付用户之前需要实施交车前的检测，以保证车辆处于最佳状态，用户在提车后即可使用。为了使即将交付给用户的新车状况及性能良好，保证各部件和机械运转正常，使用户满意，需要认真细致地验收将要交付的新车，及早发现隐藏的质量缺陷，避免日后返修带来的麻烦。其内容包括检测前的准备工作、外部检查、发动机舱内检查、车辆底部检查、路试检查、最终检查等方面。

二、验证新车状态

（1）验证车辆状态，包括运输状况的验证、车辆明细资料的查对及随车物品的检点。

（2）恢复新车正常的工作状态，主要包括以下内容：

1）安装保险丝及短路销。

2）安装汽车厂提供的零部件。

3）从制动器盘上拆下防锈盖。

4）安装橡胶车身塞。

5）取下前弹簧隔圈。

6）取下紧急拖车环。

7）调整轮胎空气压力。

8）除去不必要的标志、标签、贴纸等。

9）取掉车身防护膜。

三、了解新车检测相关知识

1. PDI

PDI 的全称是：Pre Delivery Inspection，意为交付前检测。PDI 是新车送交顾客之前必须进行的全面检测。

通常一辆汽车从开始生产到最终出售，会做 4 次检测：

第一次：总装下线检测。

第二次：物流公司交接检测。

第三次：新车到店检测。

第四次：车主提车检测。

2. 汽车 VIN 码

VIN 是英文 Vehicle Identification Number（车辆识别码）的缩写。因为 ASE 标准规定 VIN 码由 17 位字符组成，所以俗称十七位码。

我国轿车的 VIN 码大多可以在仪表板左侧、风窗玻璃下面找到，也有的在发动机舱内部。

3. 前机舱

北汽 EC200 前机舱的部件名称及安装位置，如图 2－1 所示。

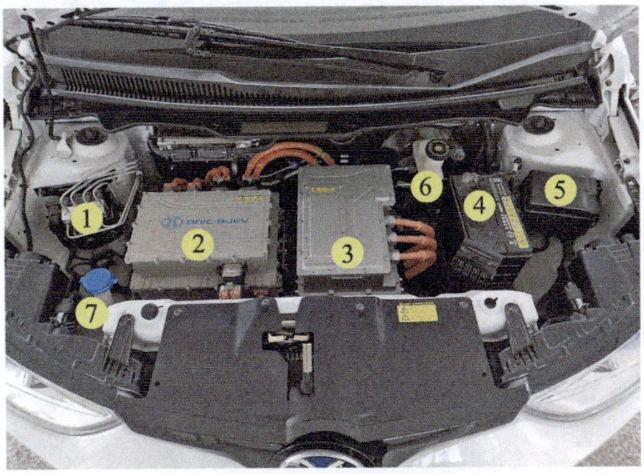

图 2－1 北汽 EC200 前机舱

1—ABS 制动防抱死系统 2—PDU 3—MCU 4—蓄电池 5—保险丝盒 6—制动液储液罐 7—玻璃清洁液储液罐

前机舱检查包括以下内容：

（1）检查各种储液罐液面是否正常。

（2）检查高压线束连接是否正常。

（3）检查管路或接头是否有泄漏。

（4）检查低压蓄电池连接线是否松动。

（5）检查警告标贴是否清晰。

4. 乘员舱

车辆内部主要功能开关位置，如图 2-2 所示。

图 2-2　北汽 EC200 车辆内部功能开关

1—玻璃升降开关　2—开闭锁开关　3—玻璃控制开关　4—大灯照射高度调整旋钮　5—低速行人预警开关　6—灯光组合开关　7—雨刷控制开关　8—空调控制开关　9—危险警告灯开关　10—多媒体控制开关

乘员舱检查内容如下：

（1）四个电动窗的升降，反复多次试验升降是否顺畅，玻璃到底后位置正不正，是否冲底；左前窗玻璃能不能一次升到顶，玻璃与胶条间阻力是否较大。

（2）试中控门锁、儿童锁是否起作用，门锁对位是否准确。

（3）调节转向盘上下角度。

（4）晃动转向盘，上下不应有间隙，左右自由行程不应过大。

（5）打开空调，试 A/C 开关，冷、热都要试，时间长些。

（6）按汽车喇叭，听鸣笛声是否正常。

（7）试雨刷，看它会不会喷水，喷水角度对不对，测不同挡的速度是否明显、顺滑，是否刮干净，噪声如何，能不能回到底。

（8）试天窗开关控制有无问题。

（9）查看车内前阅读灯、后阅读灯、开门灯、后备箱灯是否正常（车内灯可能虚接，有时不亮）。

（10）查看仪表盘指示灯、开门报警灯、燃油报警灯、安全带灯、驻车制动灯和其他报警指示灯是否正常。

（11）调节仪表盘夜光灯、指示灯亮度以及大灯俯仰角度。

（12）测试电动座椅 8 向调节功能和电加热功能是否正常。

（13）测试安全带功能，快速拉动安全带，应该会卡死拉不动。

（14）对两侧电动后视镜进行各个方向调整测试、电动折叠测试。

（15）测试内后视镜、遮阳挡板及开关是否正常。

（16）测试后窗电加热除霜功能及后刮水器功能是否正常。

（17）熄火后试 CD 音响和收音机功能，如换碟、AM/FM、选台、音量等各个按钮是否正常。

5. 汽车外观

（1）车辆外部结构认知，如图 2-3 所示。

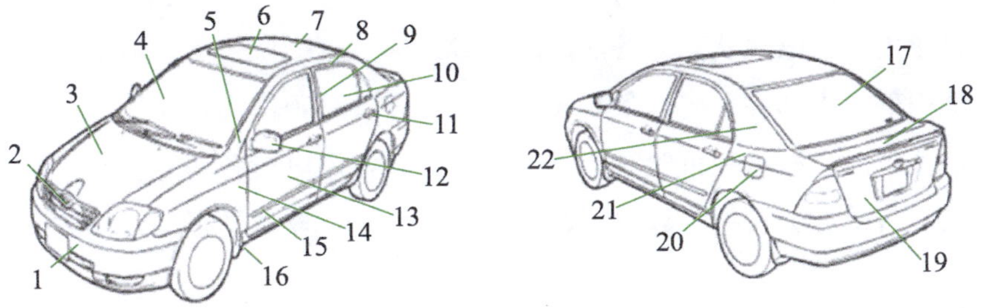

图 2-3　车辆外部结构图

1—保险杠　2—散热器护栅　3—发动机罩（盖）　4—风窗玻璃　5—前柱　6—滑动天窗　7—天窗板　8—门框　9—中柱　10—门窗玻璃　11—外侧车门把手　12—车外后视镜　13—门板　14—前翼子板　15—外嵌条　16—挡泥板　17—后窗玻璃　18—后扰流器　19—后备箱盖　20—加油口盖　21—后翼子板　22—后侧柱

（2）车灯总成。北汽 EC200 汽车前照灯和尾灯如图 2-4 所示。

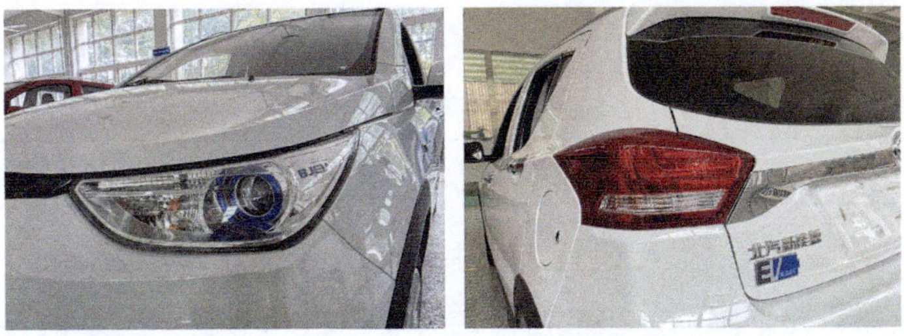

图 2-4　北汽 EC200 汽车前照灯和尾灯

（3）汽车外观检查：

1）顺光、逆光检查车漆，看有无划痕、小坑、异色、斑点。

2）发动机盖、车门、保险杠、后备箱表面应平整、光亮，缝隙要小，车面要平，门缝及前、后车灯缝隙应均匀、对称。

3）看发动机舱左、右前端，大灯部位金属板和尾箱后端左、右金属板有无钣金的痕迹（褶皱）。

4）分别打开左、右两个前门门锁，看按钮是否过紧、不能转动。

5）看车门踏板和门框、水槽的外观。

6）看玻璃是不是原配的（看玻璃下方的标记），各块玻璃是不是平整、透亮，风窗玻璃必须特别平整，从各个角度看外部景物都无变形，用手轻敲后窗和车门玻璃，不应炸裂。

四、掌握 PDI 检测的要点

PDI 检测大致包括：

（1）车辆外部：外观、漆面是否完好，轮胎胎压（包括备胎，这个很重要）是否正常，车门开闭甚至儿童锁功能是否正常等。

（2）前机舱内：蓄电池状态、各油液液位等。

（3）车辆内部：内饰件、密封条有无缝隙，各设备是否使用正常等。

（4）启动汽车后：电机和机舱有无噪音，车灯、各用电设备功能是否正常等。

（5）路试：行车有无顿挫、异响，各仪表工作情况，导航是否正确等。

五、总结与思考

（1）你认为 PDI 检测应不应该收费，为什么？

____

____

____

____

____

（2）________是新车在投入运行前的一个重要环节，涉及________、________和________三方的关系，是消除质量事故隐患的必要措施和对新车质量的再次验证，也是对购车客户兑现承诺及系列优质服务的开始。

(3) 请简述北汽 EC200 的新车交车条件。

学习活动 2

新车检测实施

★ 知识目标

1. 能规范、快速、准确地对新车进行检测。
2. 能在新车检查过程中客观地记录检测结果。

★ 活动准备

1. 工具：汽车常用工具、警示标识牌、维护保养三件套、实训工装、绝缘防护用具、线手套等。
2. 实训设备：北汽 EC200 实训车辆、举升机、绝缘垫等。
3. 其他材料：希沃授课一体机、维修手册、PDI 检测工单、网络资料等。

活动过程

一、制订计划

根据车辆维护保养要求，制订如下检测作业计划。

序号	作业项目	操作要点
1	整体检测	车辆整体信息登记
2	车辆前部检测	大灯、雨刮等部件检测

续表

序号	作业项目	操作要点
3	车辆左侧检测	车门、车身等部位检测
4	车辆后部检测	后备箱及随车附件检测
5	车辆右侧检测	车门、车身等部位检测
6	车辆内饰检测	各操作件功能及外观检测
7	车辆前机舱检测	高压部件及线束、油液检测
计划审核	审核意见： 年　月　日　　签字：	

作业注意事项：

（1）实训开始前应做好个人着装准备、场地准备和工具准备。

（2）进入车内操作前，应先铺好维护保养三件套。

（3）当多人作业，起动运转设备或机器时，必须事先发出起动操作信号，确认安全后方可起动，并且当机器设备运行时，身体及衣服应远离转动部件。

（4）当整车实训时，确保点火开关处于 LOCK 位置，操作另有要求除外。

（5）当就车工作时，应施加驻车制动（检查该部件时除外），除非特定操作要求置于其他挡位，否则应将挡位置于 N 位。

二、实施计划

1. 维修作业前检查及车辆防护

（1）维修作业前现场环境检查：

	作业内容： 检查绝缘垫，设立隔离柱，布置警戒线，张贴警示牌 作业结果： 现场环境达标，隔离距离正常，警示牌清晰

（2）维修作业前防护用具检查：

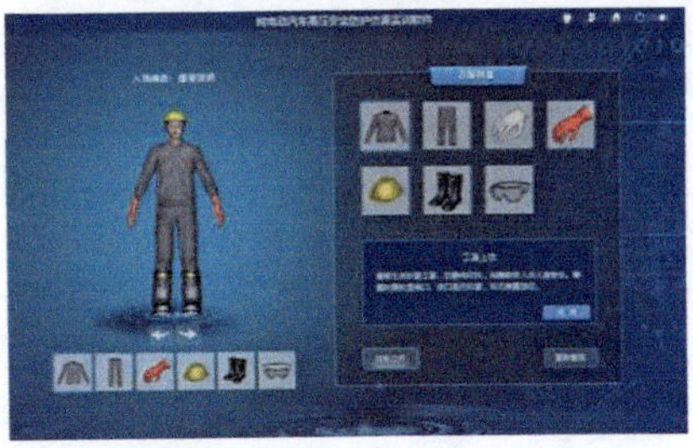	作业内容： 绝缘手套、绝缘鞋、护目镜、安全帽外观及性能检查 作业结果： 外观检查良好，绝缘手套及绝缘鞋技术参数合格

（3）维修作业前实施车辆防护：

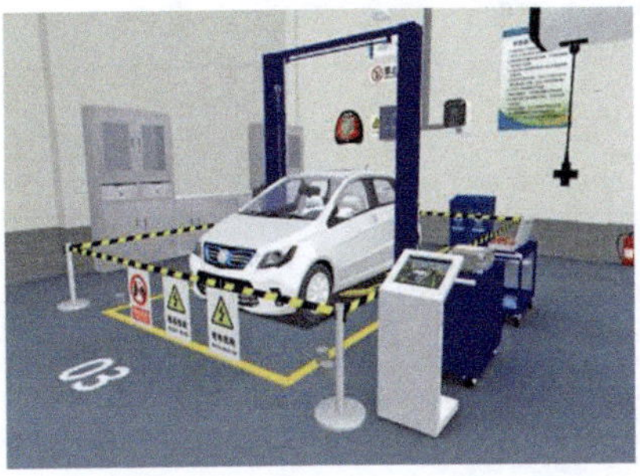	作业内容： 铺设翼子板防护垫、维护保养三件套、脚垫 作业结果： 车辆防护实施完毕，可以进行故障诊断维修任务

2. PDI 检查项目

（1）车辆整体检查：

	前风挡下方VIN码	□缺失 □字体不清 □号码错误
	3C确认	□缺失 □松脱
	合格证/一致性证书	□缺失 □与实车不符
	遥控钥匙	□失效 □打不开门 □打不开后备箱
	防盗系统	□不报警 □报警音异常 □常响
	轮胎	□型号 □胎压 □无饰盖
	里程表	□超里程

（2）车辆前部检查：

部位	项目	检查内容
上部	前盖	□ 油漆 □ 配合过大 □ 脏污 □ 凹凸 □ 打不开 □ 锁不住
	雨刮盖板	□ 损伤 □ 脏污 □ 配合过大
	雨刮	□ 损伤 □ 锈蚀 □ 位置不当
中部	前灯	□ 损伤 □ 脏污 □ 配合过大 □ 不亮 □ 常亮 □ 水汽
	前格栅	□ 损伤 □ 配合过大 □ 快充口阻滞 □ 充电口盖无回弹
下部	前保险杠	□ 损伤 □ 配合过大 □ 变形 □ 色差
	雾灯	□ 损伤 □ 脏污 □ 不亮 □ 常亮

（3）车辆左侧检查：

部位	项目	检查内容
上部	车顶	□ 油漆 □ 脏污 □ 凹凸 □ 饰条翘起
	盲窗	□ 油漆 □ 凹凸
中部	左翼子板	□ 油漆 □ 配合过大 □ 凹凸
	左车门	□ 油漆 □ 配合过大 □ 凹凸 □ 1/2 级锁 □ 开关力大 □ 开关异响
	车辆铭牌	□ 缺失 □ 字体不清 □ 号码错误
	轮胎气压标签	□ 缺失 □ 字体不清 □ 号码错误
	儿童锁	□ 功能失效
	左 A/B/C/D 柱	□ 油漆 □ 凹凸
	左后视镜	□ 损伤 □ 无法折叠 □ 异响 □ 无法调节
	前后门把手	□ 太重 □ 色差
	门上饰条	□ 损伤 □ 不贴合 □ 脏污
	密封条	□ 损伤 □ 不贴合 □ 脏污
	门内饰板	□ 损伤 □ 配合过大 □ 脏污
	左滑门	□ 油漆 □ 配合过大 □ 凹凸 □ 焊点 □ 1/2 级锁 □ 开关力大 □ 开关异响
	慢充口	□ 油漆 □ 配合过大 □ 打不开 □ 充电口盖无回弹

（4）车辆后部检查：

	外部	后备箱盖/后举门	□油漆 □配合过大 □凹凸 □1/2级锁 □开关力大 □维修标签 □无法打开 □无法关闭
		车后灯	□配合过大 □不亮 □常亮 □水汽
		后保险杠	□油漆 □配合过大 □变形 □色差
		徽标	□缺失 □不正 □翘起
		牌照板	□划伤 □松动
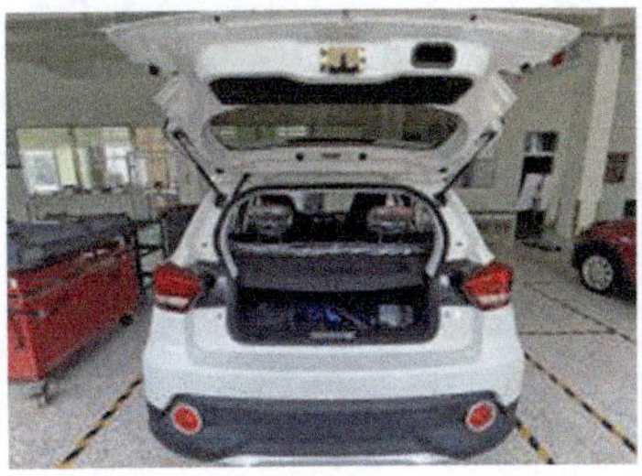	内部	后盖内 VIN	□缺失 □字体不清 □号码错误
		后备箱地毯	□脏污 □不平整 □配合过大
		备胎	□缺失 □配置错
		充电线	□缺失 □配置错 □损坏
		工具包	□缺失 □损坏
		千斤顶	□缺失 □损坏
		三角牌	□缺失 □损坏
		灭火器	□缺失 □损坏

（5）车辆右侧检查：

	上部	车顶	□油漆 □脏污 □饰边翘起
		盲窗	□油漆 □变形
	中部	右翼子板	□油漆 □配合过大 □凹凸
		右车门	□油漆 □配合过大 □凹凸 □焊点 □1/2级锁 □开关力大 □开关异响
		儿童锁	□功能失效
		右 A/B/C/D 柱	□油漆 □脏污 □凹凸
		右后视镜	□损伤 □无法折叠 □异响 □无法调节
		前后门把手	□太重 □色差 □异响
		门上饰条	□损伤 □不贴合 □脏污
		密封条	□损伤 □不贴合 □脏污
		门内饰板	□损伤 □配合过大 □脏污
		右滑门	□油漆 □配合过大 □凹凸 □1/2级锁 □开关力大 □开关异响 □焊点

（6）坐在后排座椅上检查：

	上部	车内顶衬	□脏污 □配合过大 □皱褶
		上扶手	□脏污 □不回位
	前部	前座椅	□脏污 □褶皱
	左部	门窗玻璃	□无法升降 □异响 □阻滞 □操作力大
	下部	地毯（地板）	□脏污 □配合过大 □异物
		座椅	□脏污 □异响 □表面脏污 □缝线脱落 □选装错 □成形不良 □线缝未对齐
		座椅调节	□不工作 □调节费力
		地板	□松动 □凹凸 □变形 □异物
	后部	座椅靠背	□脏污 □不工作 □调节费力
		头枕	□无法调节 □调节费力
		安全带	□不回位 □卡不上 □脏污 □无法调节 □调节费力
	侧部	车身	□焊点 □毛刺 □凹凸 □变形 □涂胶

（7）坐在主驾座椅上检查：

	上部	车内顶衬	□脏污 □配合过大
		天窗	□配合过大 □无法开关 □开关自动回位 □阻滞
		左遮阳板	□脏污 □标签 □无法翻转 □配合过大 □镜面变形
		车内顶灯/阅读灯	□不亮 □常亮 □脱落 □表面 □配合过大
	前部	车内后视镜	□无法调节 □脱落 □脏污 □松动
		前挡风玻璃	□开裂 □划伤 □脏污 □畸变
		挡风玻璃喷水	□不工作 □异响 □喷水角度
		前/后挡风雨刮	□不工作 □异响 □刮不干净
		车窗玻璃	□无法升降 □异响 □阻滞 □防夹功能缺失
		仪表台左侧	□划伤 □配合过大 □脏污 □异物
		背光调节	□不工作 □无变化
		仪表指示	□不指示 □指示异常 □开关门报警 □挡位指示
		灯光操作件	□阻滞 □灯光不亮
		警告灯	□不亮
		方向盘	□损伤 □脏污 □无法调节 □调节异响
		喇叭	□力重 □不响 □单音

续表

	前部	点烟器	□不工作 □不弹出 □缺失 □按不下去
		车载电源	□不工作 □不弹出 □没有 □无法打开 □无法关闭 □按不下去
		收音机	□无法开机 □无法收台 □操作困难
		DVD/CD机	□无法进碟 □不读碟 □无法退碟 □换碟不正常 □不显示
		扬声器	□无声音 □声音异常 □共鸣声
		信息中心	□不显示 □显示错误 □无GPS定位
		空调系统	□不制冷 □不加热 □异响 □不够冷 □不够热 □出风口阻滞 □出风口脱落
		风扇/鼓风机	□不工作 □异响 □异味 □无法维持温度 □风向不正确
		挡风玻璃除霜除雾	□不工作
	下部	地毯问题	□脏污 □皱褶 □异物
		座椅	□脏污 □异响 □缝线脱落 □选装错误 □线缝未对接
		座椅前后/上下调节	□不工作 □调节费力 □调节干涉
	后部	座椅靠背	□脏污 □不工作 □调节费力
		头枕	□无法调节 □调节费力
		安全带	□不回位 □污损 □无法调节 □调节费力
	右部	副仪表台	□脏污 □配合过大 □盖无法打开 □打开异响 □阻滞 □异物
		驻车手柄	□操纵过大 □指示灯不亮 □指示灯常亮 □不回位

（8）坐在副驾座椅上检查：

	上部	车内顶衬	□脏污 □配合过大
		右遮阳板	□脏污 □标签 □无法翻转 □配合过大 □镜面变形
		上扶手	□脏污 □不回位
	前部	右车窗玻璃	□无法升降 □异响 □阻滞 □防夹功能缺失
		仪表台右侧	□划伤 □配合过大 □脏污
		手套箱检查	□无法开启 □无法关闭 □照明灯不亮 □照明灯常亮 □异物
	下部	文件袋	□缺失
		地毯问题	□脏污 □配合过大 □异物
		车身钢印 VIN	□确实 □字体不清 □号码错误
		数据终端	□灯不亮
		座椅	□脏污 □异响 □材质一致 □缝线脱落 □线缝未对齐
		座椅前后调节	□不工作 □调节费力
	后部	座椅靠背	□脏污 □不工作 □调节费力
		头枕	□无法调节 □调节费力
		安全带	□不回位 □卡不上 □脏污 □无法调节 □调节费力

（9）车辆前机舱检查：

	前盖内部 VIN	□确实 □字体不清 □号码错误
	制动液	□液位不足 □液位过高 □渗漏
	冷却液	□液位不足 □液位过高 □渗漏
	洗涤液	□液位不足 □液位过高 □渗漏
	低压电池线	□松动
	加注盖	□缺失 □松动
	警告标签	□缺失 □不清晰 □损伤
	前盖支撑杆	□卡不住 □损伤
	前盖内部	□油漆

三、评估反馈

项目	评分标准	分值	得分
接受工作任务	明确工作任务，准确记录客户及车辆信息	5	
信息收集	掌握工作相关知识及操作要点	5	
制订计划	计划合理可行	10	
实施计划	操作前做好场地设备及材料工具的准备工作	5	
	能规范、准确地完成车辆整体检查	8	
	能规范、准确地完成车辆前部检查	8	
	能规范、准确地完成车辆左侧检查	8	
	能规范、准确地完成车辆后部检查	8	
	能规范、准确地完成车辆右侧检查	8	
	能规范、准确地完成车辆内饰及操作件功能检查	8	
	能规范、准确地完成车辆前机舱检查	8	
	能在整个操作过中规范操作，避免意外事故发生	5	
	能在操作结束后整理清洁场地	4	
质量检查	按照要求完成相应任务	5	
评价反馈	经验总结到位，评价合理	5	
得分（满分100）			

请根据自己在课堂中的实际表现进行自我反思和自我评价。

自我反思：____

____

自我评价：____

____

学习任务过程评价表

班级：________　　　　姓名：________　　　　学号：________

项目	自我评价			小组评价			教师评价		
	9~10	6~8	1~5	9~10	6~8	1~5	9~10	6~8	1~5
	占总评 10%			占总评 30%			占总评 60%		
学习活动 1									
学习活动 2									
协作精神									
纪律观念									
表达能力									
工作态度									
安全意识									
任务总体表现									
小计									
总评									

任课教师：________　　年　月　日

学习任务3

高压部件绝缘检测

任务目标

1. 能介绍电动汽车各高压部件的名称及功能。
2. 能介绍各高压线束的连接部件及接口。
3. 能描述电动汽车高压系统的能量流动路径。
4. 能正确、规范地使用电动汽车高压部件绝缘检测工具。
5. 能进行电动汽车高压部件绝缘检测。

工作情境

陈先生是北汽新能源EC系列一款车型的车主，今日来店做维护保养。陈先生反映车辆偶尔报高压绝缘故障，希望维修技师能够重点检查车辆高压部件的绝缘情况。维修技师接受了此项任务，对该车的高压部件及高压线束进行了外观检查和绝缘检测，最终诊断出故障所在并顺利排除了故障。

工作流程与活动

学习活动1：高压部件认知。

学习活动2：高压部件绝缘检测实施。

学习活动 1

高压部件认知

★ 知识目标

1. 能介绍电动汽车各高压部件的名称及功能。
2. 能介绍各高压线束的连接部件及接口定义。
3. 能描述电动汽车高压系统的能量流动路径。

★ 活动准备

1. 学习工具：学习笔记本、笔等。
2. 其他材料：北汽 EC200 实训车辆、希沃授课一体机、网络资料等

活动过程

一、认知电的危害

1. 人体是导体

人体是导体，有一定阻值。当人体与带电体构成电气连接时，就形成了电流回路。人体导电时的电阻值与所穿衣物和皮肤湿度两个因素有关。

电流路径	人体电阻
手—手 手—脚	1 000Ω
手—脚	750Ω
手—脚	500Ω
手—胸	450Ω
手—胸	230Ω
手—臀部	300Ω

2. 人体触电后的生理反应

电气事故按灾害形式可分为人身事故、设备事故、火灾事故、爆炸事故等；按电路状况可分为短路事故、断线事故、接地事故、漏洞事故等。

触电对人体的伤害一般可分为电击和电伤两种。

（1）电击。

电流直接通过人体的伤害称为电击。电流通过人体内部造成人体器官的损伤，破坏人体内细胞的正常工作，主要表现为生物学效应。

电流通过人体，会引起麻感、针刺感、压迫感、打击感、痉挛、疼痛、呼吸困难、血压异常、昏迷、心律不齐、窒息、心室颤动等症状。

当人体遭受电击时，如果有电流通过心脏，可能直接作用于心肌，引起心室颤动；如果没有电流通过心脏，亦可能经中枢神经系统反射作用于心肌，引起心室颤动。心室颤动是小电流电击使人致命最多见和最危险的原因。发生心室颤动时，心脏每分钟颤动 1 000 次以上，但幅值很小，而且没有规律，血液实际上已终止循环。

由于电流的瞬间作用而发生心室颤动时，呼吸可能持续 2～3min，在丧失知觉前，有人还能叫喊几声，或者还能走几步，但是，由于心脏已进入心室颤动状态，血液已终止循环，大脑和全身迅速缺氧，病情将急剧恶化，如不及时抢救，将很快死亡。

（2）电伤。

电流转换为其他形式的能量作用于人体的伤害称为电伤。电伤是由于电流的热效应、化学效应和机械效应等对人造成的伤害。电伤包括电灼伤、电烙印、皮肤金属化、机械性损伤、电光眼等。

二、了解电动汽车的电压等级划分

中华人民共和国国家标准 GB/T 18384.3—2015《电动汽车　安全要求第 3 部分：人员触电防护》中的第 4 条明确规定：根据最大工作电压 U，将电动原件或电路分为 A、B 两级。

工作电压/V	直流	交流
A 级	$0<U\leqslant 60$	$0<U\leqslant 25$
B 级	$60<U\leqslant 1\,000$	$25<U\leqslant 660$

触电防护应包含防止人员与任何带电部件的直接接触和在带电部件基本绝缘故障的情况下的触电防护。对于 A 级电压的电路不要求提供触电防护。对于任何 B 级电压电路的带电部件，都应为人员提供危险接触的防护。直接接触防护应由带电部件的基本绝缘提供

或者由遮挡、外壳或两者结合来提供。所有的防护及规定都是从安全的角度出发，防止人体及电气设备因触电或短路发生故障、造成事故。

三、了解触电急救

1. 脱离电源

进行触电急救时首先要使触电者脱离电源，然后再进行相应的处理。

（1）使触电者迅速脱离电源，越快越好，时间越长，伤害越重。

（2）触电者未脱离电源前，救护人员不准直接用手触及触电者，因为有触电的危险。

（3）使用绝缘工具或不导电的东西（干燥的木棒、木板、绳索等）解脱触电者，也可戴绝缘手套后解脱触电者。切记：避免碰到带电物体和触电者的裸露身躯。

（4）若是在维修动力电池组或更换电芯时触电，触电者受到电击后极易麻痹、昏厥或休克而倒在电池上，由于电池内部的带电部分裸露较多，为避免触电面积增加，进而对触电者的伤害加大，施救时可用绝缘隔板、干木板或绝缘塑料板插于触电者与电池之间，再进一步将触电者脱离移开。

2. 触电者脱离电源后的处理

（1）触电者如神志清醒，使其就地躺平，严密观察，暂时不要站立或走动。

（2）触电者如神志不清，应就地仰面躺平，且确保气道通畅，并用 5s 时间呼叫触电者或轻拍其肩部，以判定触电者是否意识丧失。禁止以摇动触电者头部的方式对其呼叫。

（3）需要抢救的触电者，立即就地抢救，并设法联系医疗部门接替救治。

（4）呼吸、心跳情况的判定：触电者如意识丧失，应在 10s 内，用看、听、试的方法，判定其呼吸、心跳情况。看——看胸部、腹部有无起伏；听——用耳贴近触电者的口鼻处，听有无呼气声；试——试口鼻有无呼气的气流，再用两手指轻试一侧（左或右）颈动脉有无搏动。若看、听、试的结果是既无呼吸又无颈动脉搏动，可判定呼吸、心跳停止。

四、了解电动汽车各高压部件的名称及功能

北汽 EC200 汽车高压部件位置及名称如图 3－1 所示。

图 3－1　北汽 EC200 汽车高压部件位置及名称

1—PDU　2—MCU 电机控制器　3—动力电池　4—驱动电机

1. PDU

PDU，即 Power Distribution Unit，电源分配单元，又称三合一，包括高压控制盒、车载充电机 OBC、DC 转 DC。

（1）高压控制盒：控制高压电能的传递。

（2）车载充电机 OBC：对动力电池及低压电池进行充电。

（3）DC 转 DC：将高压直流降压为低压直流 12V 或 24V，给低压电池充电以及对全车低压电器供电。

2. MCU 电机控制器

MCU 电机控制器的作用是将动力电池的高压直流转变为三相交流电，并控制电能输出给驱动电机，实现电机的正反转及功率控制。

3. 驱动电机

驱动电机接收来自 MCU 过来的三相交流电，将电能转变为动能，驱动汽车行驶，并在减速特定阶段实现能量回收，给动力电池充电。

五、认知高压部件接口及线束

北汽 EC200 汽车高压部件接口及线束如图 3－2 所示。

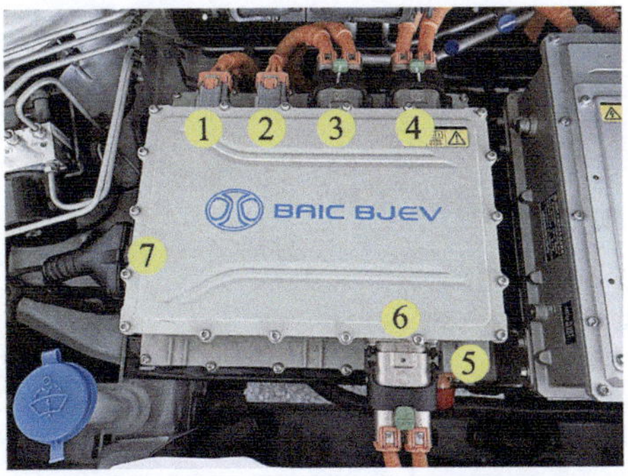

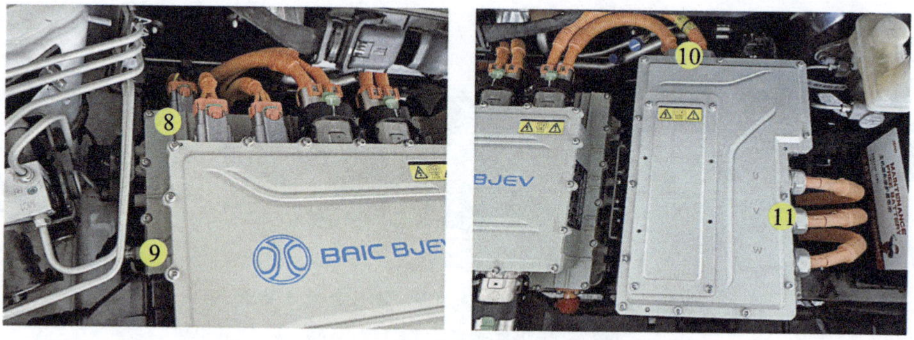

图 3-2　北汽 EC200 汽车高压部件接口及线束

1—电动压缩机高压线束　2—空调 PTC 加热高压线束　3—高压母线　4—MCU 供电高压线束
5—12V 低压正极线束　6—快充高压线束　7—低压线束插接件　8—慢充高压线束
9—负极搭铁线束　10—MCU 供电高压线束　11—驱动电机三相交流电高压线束

六、认知高压系统的能量流动路径

高压系统的能量流动路径如图 3-3 所示。

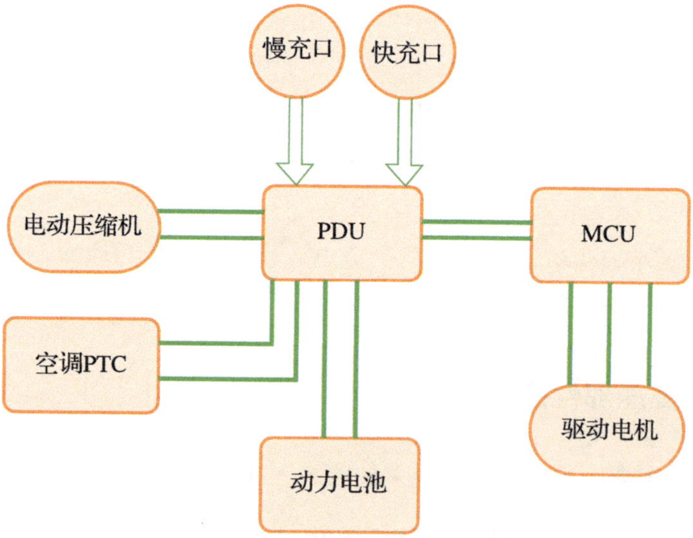

图 3-3　高压系统的能量流动路径

七、总结与思考

（1）简述快充和慢充的特点。

（2）总结一下，有哪些高压线束是双向传递电能的？又有哪些高压线束只有单向传递电能？

学习活动2

高压部件绝缘检测实施

★ 知识目标

1. 能正确、规范使用电动汽车高压部件绝缘检测工具。
2. 能进行电动汽车高压部件绝缘检测。

★ 活动准备

1. 工具：汽车常用工具、警示标识牌、维护保养三件套、实训工装、绝缘检测仪、放电工装、绝缘防护用具、线手套等。
2. 实训设备：北汽 EC200 实训车辆、举升机、绝缘垫等。
3. 其他材料：希沃授课一体机、维修手册、实训任务工单、网络资料等。

活动过程

一、了解高压绝缘检测工具

带电作业或使用电气工具时，为防止工作人员触电，必须使用如下工具：

图例	工具名称	用途描述
	警示牌	在地面或车辆附近明显位置放置

续表

图例	工具名称	用途描述
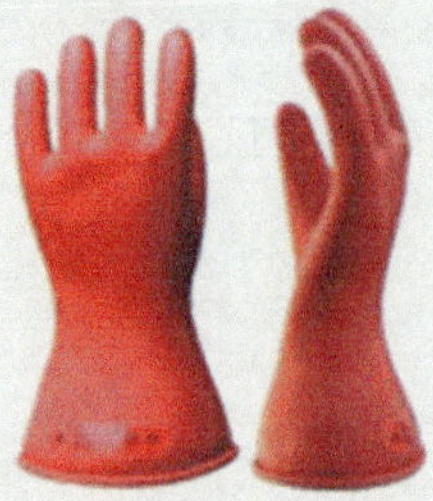	绝缘手套（绝缘等级为 1 000V/300A 以上）	拆除及安装高压部件时使用
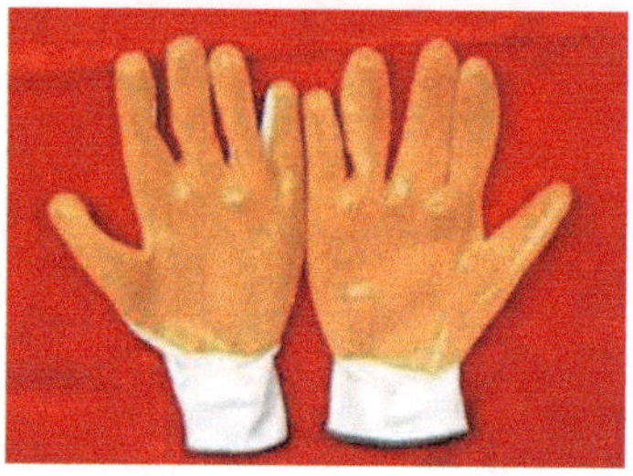	皮手套	拆除及安装高压部件时使用（保护绝缘手套）
	绝缘鞋	拆除及安装高压部件时使用
	护目镜	拆除及安装高压部件时使用
	绝缘帽	拆除及安装高压部件时使用

续表

图例	工具名称	用途描述
	绝缘万用表	测试高压部件绝缘阻值
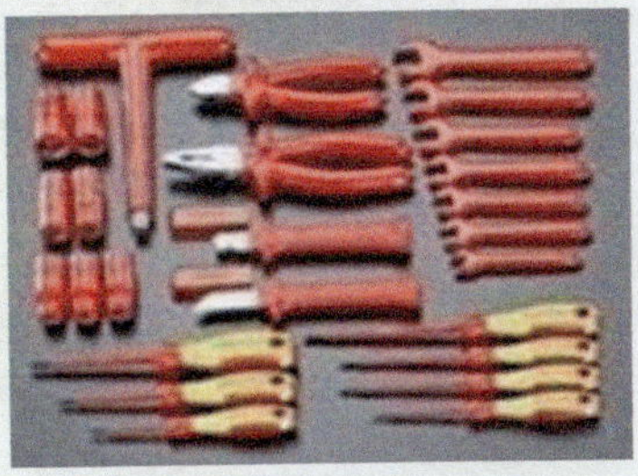	绝缘工具	拆除及安装高压部件时使用
	绝缘胶布	覆盖所有的高压电线或端子；在维修塞被拔出后，包住维修塞槽

请查询《FLUKE 1587 系列用户手册》并认真阅读，完成以下信息的填写：

仪表盘图示	开关挡位	测量功能
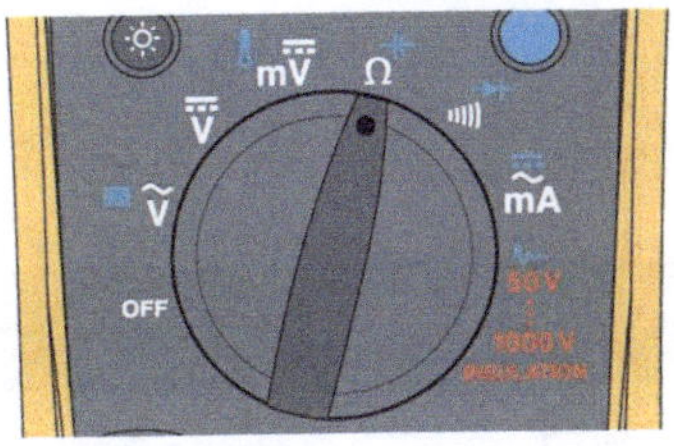	$\tilde{V}$	从 30mV～1 000V 的________电压
	V⎓	从 1mV～1 000V 的________电压
	mV⎓	DC mV（________毫伏）0.1～600mV
	Ω	________：从 0.1～50MΩ
	·))))	________测试。蜂鸣器在＜25Ω 时打开，在＞100Ω 时关闭

续表

仪表盘图示	开关挡位	测量功能
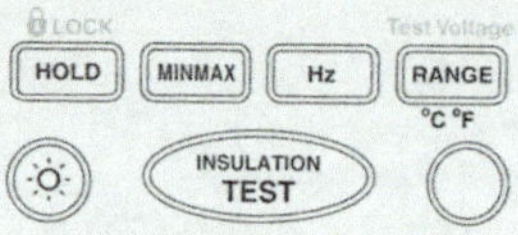	INSULATION	________测试，从 0.01MΩ 到 2GΩ
	HOLD	按下时将使显示值保持不变，再次按下将释放显示值；当读数改变时，显示屏会自动更新，仪表发出________声
	MINMAX	按下该按钮将保留________、________和平均值
	RANGE	将量程模式从自动（默认）改为手动。在某一功能的可用量程之间切换。在“绝缘测试”模式中用于切换________电压
	INSULATION TEST	当旋转开关位于“绝缘”挡位时将对绝缘测试进行初始化，将使仪表获取（输出）高压，并测量________
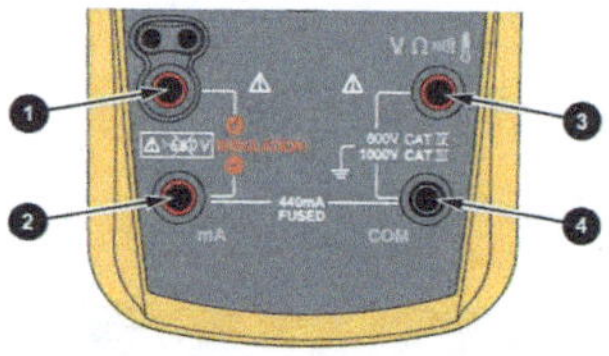	输入端子 1	用于绝缘测试的○＋输入端子
	输入端子 2	用于绝缘测试的○－输入端子
	输入端子 3	电压、通断性、电阻、二极管、电容、频率和温度测量的输入端子
	输入端子 4	用于绝缘测试以外的所有测量的公共（返回）端子

二、制订计划

根据电动汽车维修工具的使用要求，制订如下作业计划。

序号	作业项目	操作要点
1	车辆人员防护及整车高压断电	高压安全防护
2	动力电池正负极与车身绝缘检测	高压母线高压盒端插拔及绝缘万用表使用

续表

序号	作业项目	操作要点
3	管理系统（BMS）绝缘检测	高压母线电池端线束插拔及仪表使用
4	车载充电机正负极与车身绝缘检测	高压附件线束充电机端插拔及绝缘万用表的使用
5	空调压缩机正负极与车身绝缘检测	高压附件线束压缩机端插拔及绝缘万用表的使用
6	PTC 正负极与车身绝缘检测	高压附件线束 PTC 端插拔及绝缘万用表的使用
7	电机控制器、驱动电机正负极输入与车身绝缘检测	驱动电机 UVW 三相线、高压附件线束电机控制器端插拔及绝缘万用表的使用
8	高压盒正负极与车身绝缘检测	高压盒线束插拔及绝缘万用表的使用
9	高压线束与车身绝缘检测	快充线束绝缘测量
计划审核	审核意见： 年　月　日　　签字：	

作业注意事项：

（1）实训开始前应做好个人着装准备、场地准备和工具准备。

（2）进入车内操作前，应先铺好维护保养三件套。

（3）在进行前机舱操作之前，应先铺设翼子板防护垫。

（4）当多人作业，起动运转设备或机器时，必须事先发出起动操作信号，确认安全后方可起动，并且机器设备运行时，身体及衣服应远离转动部件。

（5）当使用兆欧表时，应注意选择合适的量程，用完之后及时关闭，防止损坏。

（6）在对高压部件或高压线束操作时，应做好绝缘防护措施，防止触电。

（7）在拔下高压线束之前需要先将点火开关转到 LOCK 挡，并断开辅助蓄电池。

三、实施计划

1. 维修作业前检查及车辆防护

（1）维修作业前现场环境检查：

	作业内容： 检查绝缘垫、设立隔离柱、布置警戒线、张贴警示牌 作业结果： 现场环境达标，隔离距离正常，警示牌清晰

（2）维修作业前防护用具检查：

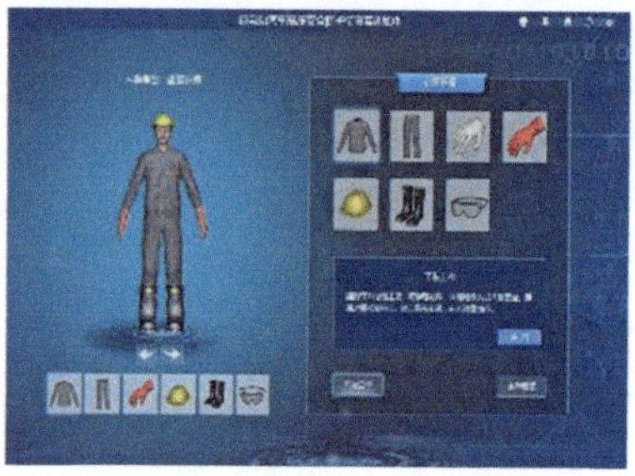	作业内容： 绝缘手套、绝缘鞋、护目镜、安全帽外观及性能检查 作业结果： 外观检查良好，绝缘手套及绝缘鞋技术参数合格

（3）维修作业前仪表工具检查：

	作业内容： 绝缘万用表、放电工装外观及性能检查 作业结果： 外观检查良好，绝缘万用表、放电工装性能正常

（4）维修作业前实施车辆防护：

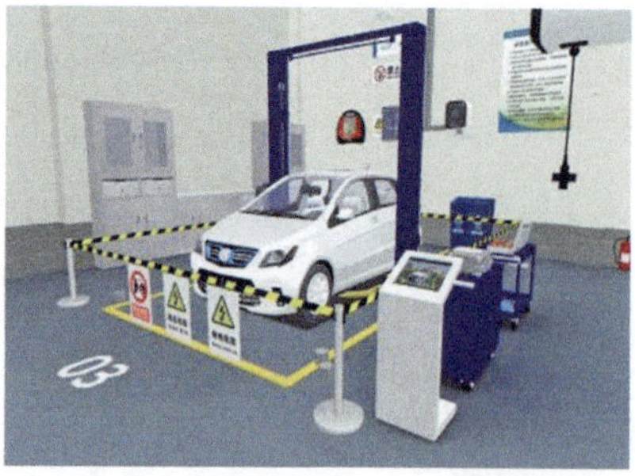	作业内容： 铺设翼子板防护垫、维护保养三件套、脚垫 作业结果： 车辆防护实施完毕，可以进行故障诊断、维修

2. 绝缘检测

（1）整车高压断电操作：

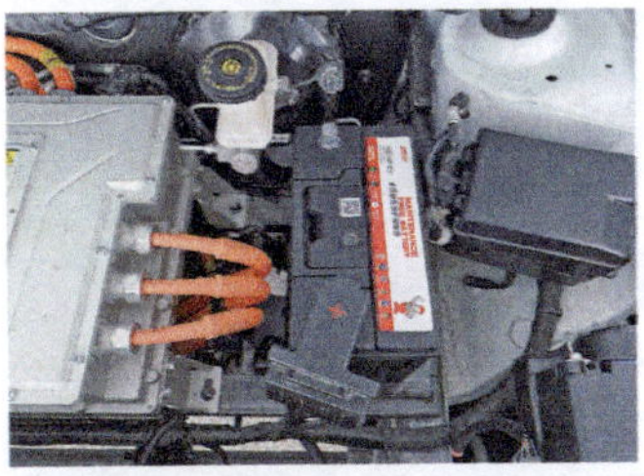	关闭点火开关，断开蓄电池负极	钥匙保管人	
		低压蓄电池负极拆卸工具大小	________ mm
		负极桩头绝缘处理方式	绝缘胶带
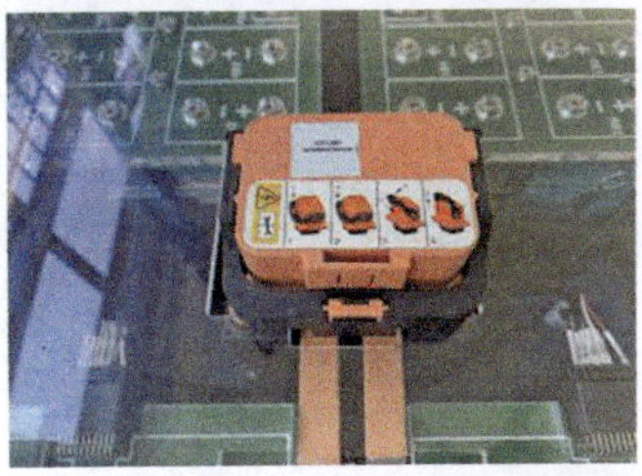	拆卸维修开关，放置警示牌（无维修开关的车型，省略拆卸维修开关环节）	检修开关锁数	________道
		维修开关安全存放位置	维修柜
		放置警示牌	□是 □否

（2）动力电池正负极与车身绝缘检测：

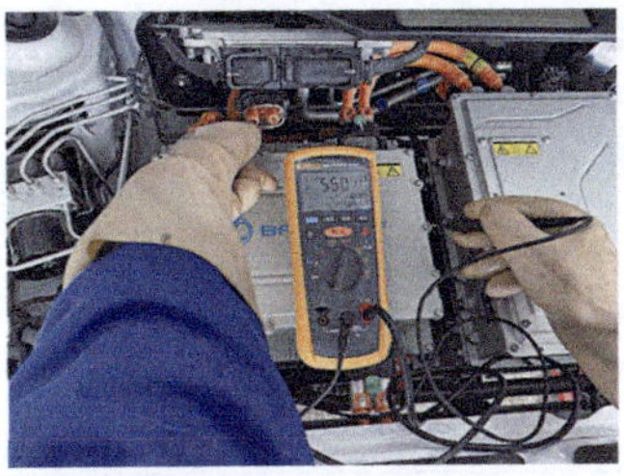	拔下高压控制盒动力电池母线输入线，将绝缘万用表黑表笔接于车身，红表笔分别测量动力电池母线正极和负极端子	正极绝缘电阻	针脚	________脚
		标准值：≥1.4MΩ 测量值：________	绝缘故障	□是 □否
		负极绝缘电阻	针脚	________脚
		标准值：≥1.0MΩ 测量值：________	绝缘故障	□是 □否
		注意事项	佩戴高压绝缘防护用具	

（3）管理系统（BMS）绝缘检测：

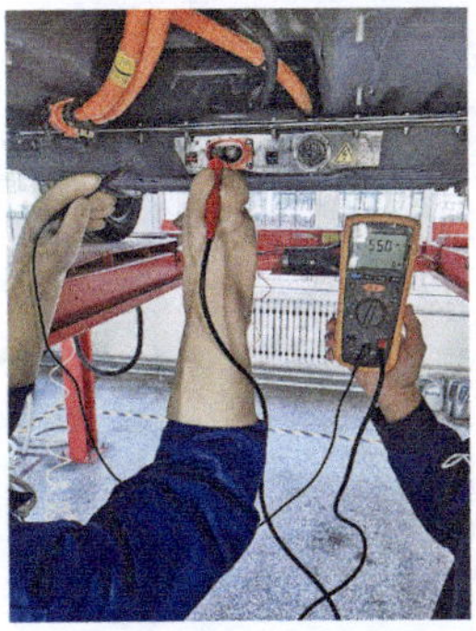	拔下动力电池端高压母线插头，用绝缘万用表检测	正极绝缘电阻	针脚	________脚
		标准值：≥1.5MΩ 测量值：________	绝缘故障	□是 □否
		负极绝缘电阻	针脚	________脚
		标准值：≥1.0MΩ 测量值：________	绝缘故障	□是 □否
		注意事项	佩戴高压绝缘防护用具	

（4）车载充电机正、负极与车身绝缘检测：

<table>
<tr><td rowspan="5">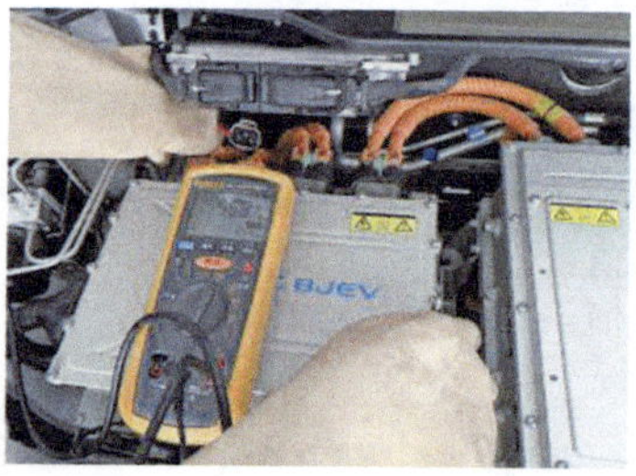
</td><td rowspan="5">拔下高压控制盒慢充高压线束插头，用绝缘万用表检测</td><td>正极绝缘电阻</td><td>针脚</td><td>________脚</td></tr>
<tr><td>标准值：≥20MΩ
测量值：________</td><td>绝缘故障</td><td>□是 □否</td></tr>
<tr><td>负极绝缘电阻</td><td>针脚</td><td>________脚</td></tr>
<tr><td>标准值：≥20MΩ
测量值：________</td><td>绝缘故障</td><td>□是 □否</td></tr>
<tr><td>注意事项</td><td colspan="2">佩戴高压绝缘防护用具</td></tr>
</table>

（5）空调压缩机正负极与车身绝缘检测：

<table>
<tr><td rowspan="5"></td><td rowspan="5">拔掉高压盒端高压附件线束插头，将兆欧表黑表笔接于车身，红表笔逐个接高压附件线束上压缩机的正负极针脚（系统内含冷冻机油和制冷剂）</td><td>正极绝缘电阻</td><td>针脚</td><td>________脚</td></tr>
<tr><td>标准值：≥5MΩ
测量值：________</td><td>绝缘故障</td><td>□是 □否</td></tr>
<tr><td>负极绝缘电阻</td><td>针脚</td><td>________脚</td></tr>
<tr><td>标准值：≥5MΩ
测量值：________</td><td>绝缘故障</td><td>□是 □否</td></tr>
<tr><td>注意事项</td><td colspan="2">佩戴高压绝缘防护用具</td></tr>
</table>

（6）PTC正负极与车身绝缘检测：

<table>
<tr><td rowspan="5">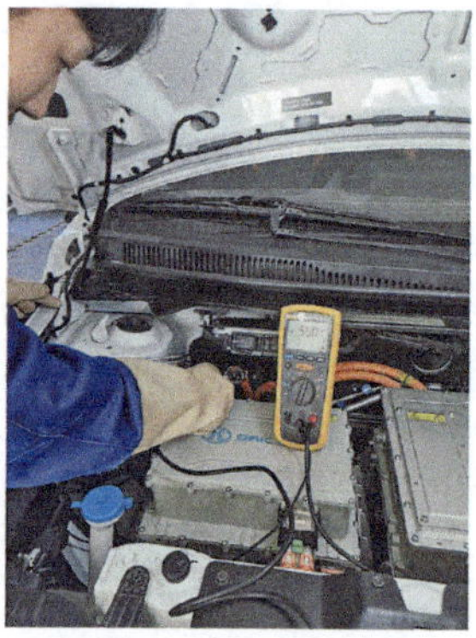</td><td rowspan="5">拔掉高压盒端PTC高压附件线束插头，将兆欧表黑表笔接于车身，红表笔逐个接高压附件线束上PTC的正负极针脚</td><td>正极绝缘电阻</td><td>针脚</td><td>________脚</td></tr>
<tr><td>标准值：≥500MΩ
测量值：________</td><td>绝缘故障</td><td>□是 □否</td></tr>
<tr><td>负极绝缘电阻</td><td>针脚</td><td>________脚</td></tr>
<tr><td>标准值：≥500MΩ
测量值：________</td><td>绝缘故障</td><td>□是 □否</td></tr>
<tr><td>注意事项</td><td colspan="2">佩戴高压绝缘防护用具</td></tr>
</table>

（7）电机控制器、驱动电机正负极输入与车身绝缘检测：

<table>
<tr><td rowspan="5">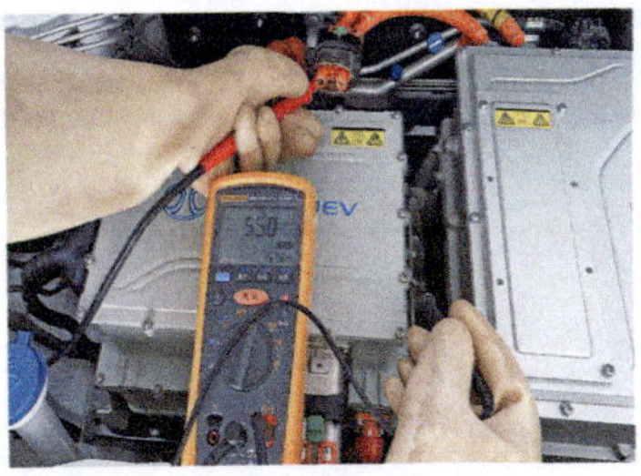</td><td rowspan="5">拔掉高压盒端 MCU 高压线束输入插头，将兆欧表黑表笔接于车身，红表笔逐个接 MCU 的正负极端子</td><td>正极绝缘电阻</td><td>针脚</td><td>______脚</td></tr>
<tr><td>标准值：≥100MΩ
测量值：______</td><td>绝缘故障</td><td>□是 □否</td></tr>
<tr><td>负极绝缘电阻</td><td>针脚</td><td>______脚</td></tr>
<tr><td>标准值：≥100MΩ
测量值：______</td><td>绝缘故障</td><td>□是 □否</td></tr>
<tr><td>注意事项</td><td colspan="2">佩戴高压绝缘防护用具</td></tr>
</table>

（8）高压盒正负极与车身绝缘检测：

<table>
<tr><td rowspan="7"></td><td rowspan="7">拔掉高压盒上的所有高压线束，将兆欧表黑表笔接于车身，红表笔逐个接高压盒端子（动力电池输入，驱动电机控制器输出）</td><td rowspan="3">动力电池输入端</td><td>正极阻值</td><td>标准值：无穷大
测量值：______</td></tr>
<tr><td>负极阻值</td><td>标准值：无穷大
测量值：______</td></tr>
<tr><td>绝缘故障</td><td>□是 □否</td></tr>
<tr><td rowspan="3">电机控制器输出端</td><td>正极阻值</td><td>标准值：无穷大
测量值：______</td></tr>
<tr><td>负极阻值</td><td>标准值：无穷大
测量值：______</td></tr>
<tr><td>绝缘故障</td><td>□是 □否</td></tr>
<tr><td>注意事项</td><td colspan="2">佩戴高压绝缘防护用具</td></tr>
</table>

（9）高压线束与车身绝缘检测（因前面测量高压部件绝缘时，已经连带检测过相应的高压线束，现在只测量快充线束的绝缘阻值即可）：

<table>
<tr><td rowspan="5">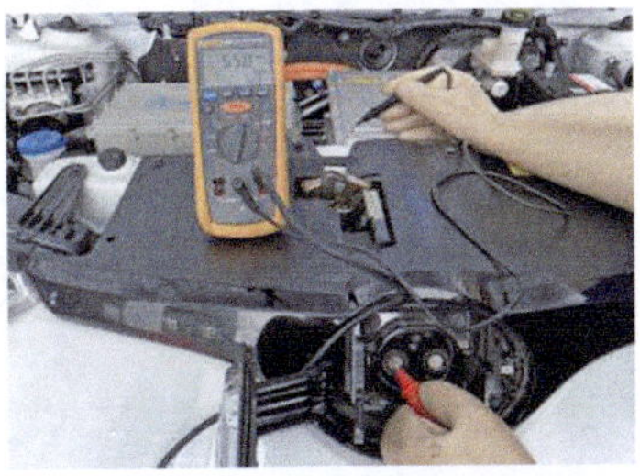</td><td rowspan="5">打开快充口，将绝缘万用表黑表笔接于车身，红表笔逐个测量快充口正负极</td><td>快充电源正极</td><td>针脚</td><td>______脚</td></tr>
<tr><td>标准值：无穷大
测量值：______</td><td>绝缘故障</td><td>□是 □否</td></tr>
<tr><td>快充电源负极</td><td>针脚</td><td>______脚</td></tr>
<tr><td>标准值：无穷大
测量值：______</td><td>绝缘故障</td><td>□是 □否</td></tr>
<tr><td>注意事项</td><td colspan="2">佩戴高压绝缘防护用具</td></tr>
</table>

四、评估反馈

项目	评分标准	分值	得分
接受工作任务	明确工作任务，准确记录客户及车辆信息	5	
信息收集	掌握工作相关知识及操作要点	10	
制订计划	计划合理可行	10	
实施计划	操作前做好场地设备及材料工具的准备工作	6	
	能介绍纯电动汽车高压系统各组成部件的名称及功能	6	
	能根据维修手册识别各高压部件及线束的接口	6	
	能检测动力电池正负极与车身绝缘电阻并判断是否存在故障	6	
	能检测车载充电机正负极绝缘电阻并判断是否存在故障	6	
	能检测空调压缩机正负极绝缘电阻并判断是否存在故障	6	
	能检测 PTC 正负极绝缘阻值并判断是否存在故障	6	
	能检测电机控制器、驱动电机正负极输入绝缘阻值并判断是否存在故障	6	
	能检测高压盒正负极绝缘阻值并判断是否存在故障	6	
	能在整个操作过中规范操作，避免意外事故发生	6	
	能在操作结束后整理、清洁场地	5	
质量检查	按照要求完成相应任务	5	
评价反馈	经验总结到位，评价合理	5	
得分（满分 100）			

请根据自己在课堂中的实际表现进行自我反思和自我评价。

自我反思：________________________________

____

自我评价：________________________________

____

学习任务过程评价表

班级：________　　　　　　　　姓名：________　　　　　　　　学号：________

项目	自我评价			小组评价			教师评价		
	9～10	6～8	1～5	9～10	6～8	1～5	9～10	6～8	1～5
	占总评 10%			占总评 30%			占总评 60%		
学习活动 1									
学习活动 2									
协作精神									
纪律观念									
表达能力									
工作态度									
安全意识									
任务总体表现									
小计									
总评									

任课教师：________　　　年　月　日

学习任务 4

充电系统维护保养

任务目标

1. 能说出车载充电机的作用，检查车载充电机工作状态。
2. 能够检查慢充充电线外观及插头状态。
3. 能熟练运用万用表检测充电线。
4. 能运用万用表检查 DC/DC 转换器功能。

工作情境

北汽新能源汽车服务站现有一辆北汽 EC200 需要维修，故障现象为充电时需要多次插拔充电枪才能充电。作为维修技师的你应如何进行检查？

工作流程与活动

学习活动 1：车载充电机及 DC/DC 转换器认知。

学习活动 2：充电系统检测实施。

学习活动1

车载充电机及DC/DC转换器认知

★ 知识目标

1. 能介绍车载充电机各组成部件的作用。
2. 能介绍车载充电机的工作原理。
3. 了解车载充电机工作流程和控制策略。
4. 了解DC/DC转换器的作用。

★ 活动准备

1. 工具：汽车常用工具、警示标识牌、维护保养三件套、线手套、安全帽、护目镜、扭矩扳手、手电筒等。
2. 检测设备：举升机、北汽EC200实训车辆等。
3. 其他材料：维修手册、任务工单、网络资料等。

活动过程

一、了解车载充电机

1. 车载充电机的作用

车载充电机是固定安装在电动汽车上的充电机，具有为电动汽车动力电池安全、自动充满电的能力。充电机依据电池管理系统（BMS）提供的数据，能动态调节充电电流或电压参数，执行相应的动作，完成充电过程。

车载充电机具有过压、欠压、过流、过热、短路、输出反接等保护功能。

知识链接

（1）车载充电机具备高速CAN网络与BMS通信的功能，能判断电池连接状态是否正确，获得电池系统参数及充电前和充电过程中整组和单体电池的实时数据。

（2）车载充电机可通过高速 CAN 网络与车辆监控系统通信，上传充电机的工作状态、工作参数和故障警告信息，接收启动充电或停止充电控制命令。

2. 车载充电机的工作原理

新能源汽车车载充电机如图 4－1 所示。

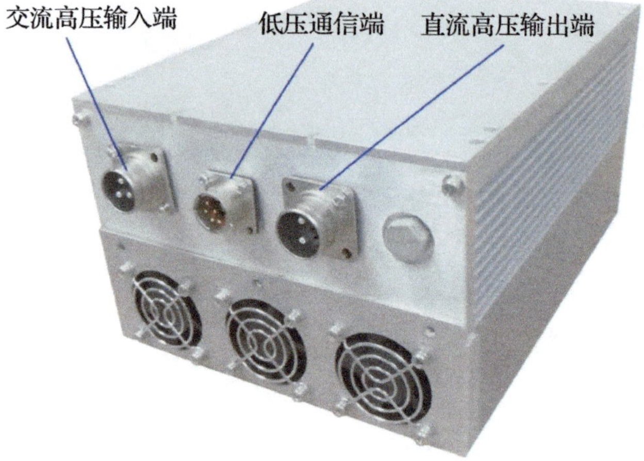

图 4－1　新能源汽车车载充电机

控制单元：采样输出电流和电压，经过处理后将实时值传递给 PID 控制回路，由控制器比较测量值与期望值之间的差距，再将调节要求传递给 PWM 回路，用脉冲宽度变化去控制高压回路中功率器件开闭时间的长短，最终实现输出电流和电压尽量接近主控系统要求的数值。

低压辅助单元：是一个标准低压电源，输出电压 12V 或 24V，用于充电期间，给电动汽车上的用电器供电。

功率单元：一般包括输入整流、逆变电路和输出整流 3 个部分，将输入的工频交流电转化成动力电池系统能够接受的适当电压的直流电。

输出端口：包括低压辅助电源正负极两个 pin 口、高压充电回路正负极两个 pin 口、底盘接地、通信线 CANH 和 CANL、充电请求信号线。其中，高压两个 pin 口与电池包相连。充电机的输入端口与外部电源之间完成充电连接确认以后，通过充电请求信号线向车辆控制器发送充电请求信号，同时或延时一小段时间后，用低压辅助电源给整车供电。

3. 车载充电机的工作流程

车载充电机插口如图 4－2 所示。

车载充电机的工作流程如下：

（1）插上 220V 交流电源供电。

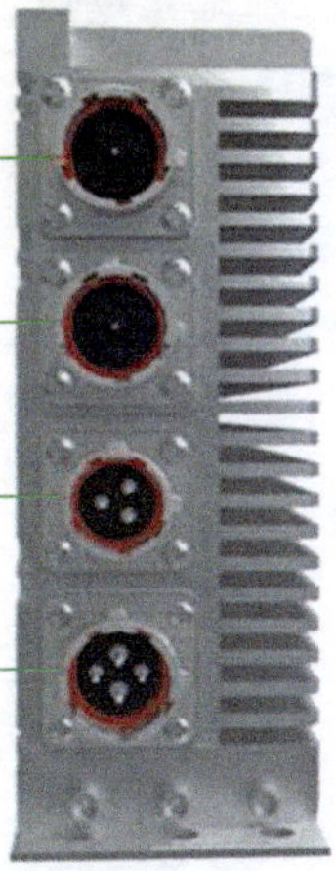

图 4－2　车载充电机插口

（2）低压唤醒整车控制系统。

（3）BMS 检测充电需求。

（4）BMS 给车载充电机发送工作指令并闭合继电器。

（5）车载充电机开始工作，进行充电。

（6）电池检测充电完成后，给车载充电机发送停止指令。

（7）车载充电机停止工作。

（8）电池断开继电器。

二、了解 DC /DC 转换器

1. DC/DC 转换器的作用

DC/DC 转换器将动力电池的高压直流电转换为整车低压 12V 直流电，给整车低压用电系统供电及铅酸电池充电。它的输出电压是 13.8～14V。

2. DC/DC 转换器的工作准备

DC/DC 转换器的工作准备如下：

（1）整车 ON 挡上电或充电唤醒上电。

（2）动力电池完成高压系统预充电流程。

（3）VCU 发给 DC/DC 转换器使能信号。

（4）DC/DC 转换器开始工作。

知识链接

新能源电动汽车充电方式主要有慢充、快充两种。

慢充系统如图 4-3 所示。慢充充电时，来自慢充桩的 220V 交流电经车载充电机整流滤波升压成动力电池的直流电。

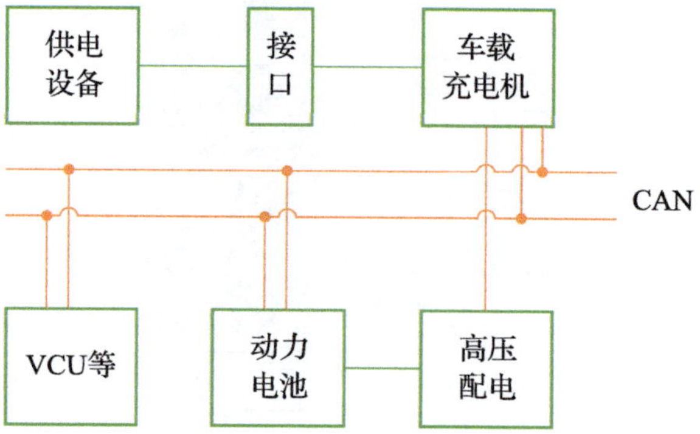

图 4-3　慢充系统构成

快充系统如图 4-4 所示。快充充电时，快充桩给纯电动汽车提供 370～380V 的高压直流电，可以直接给动力电池充电。

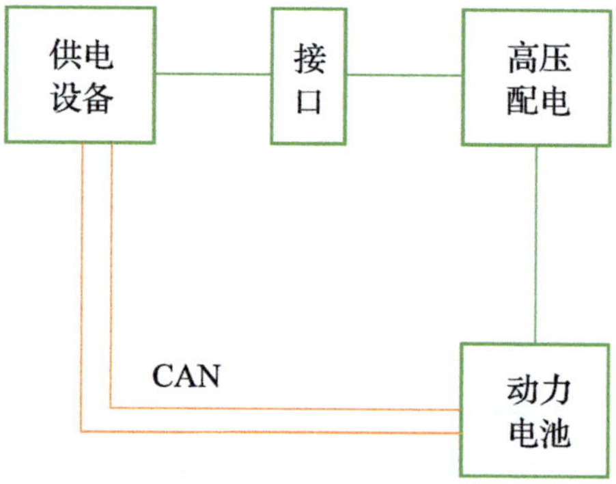

图 4-4　快充系统构成

三、结合本节知识点，独立画出充电电流在快充电路和慢充电路中的走向

四、总结与思考

（1）简述充电系统的组成部分。

____

____

____

（2）简述充电系统出现故障应如何排查。

____

____

____

学习活动2 充电系统检测实施

★ 知识目标

1. 能说出充电系统检测的步骤。
2. 能对车载充电机进行检测。

★ 活动准备

1. 工具：汽车常用工具、警示标识牌、维护保养三件套、线手套、安全帽、护目镜、扭矩扳手、手电筒等。

2. 检测设备：举升机、北汽 EC200 实训车辆等。

3. 其他材料：维修手册、任务工单、网络资料等。

活动过程

一、制订计划

根据充电系统保养维护要求，制订如下充电系统检测作业计划：

序号	作业项目	操作要点
1	车辆整体检查	车辆整体信息登记
2	车辆充电系统外观检查	仔细检查连接线及部件接口
3	车辆充电状态检查	车辆充电工作是否正常
4	车辆车载充电机检查	车载充电机工作是否正常
5	车辆慢充充电线检查	慢充线外观及端子检查
6	车辆充电端接口检查	充电端接口及外观检查
7	车辆 DC/DC 转换器检查	外观、连接点及电压检查
计划审核	审核意见： 年　月　日　　　签字：	

作业注意事项：

（1）实训开始前应做好个人着装准备、场地准备和工具准备。

（2）进入车内操作前，应先铺好维护保养三件套。

（3）当多人作业，起动运转设备或机器时，必须事先发出起动操作信号，确认安全后方可起动，并且机器设备运行时，身体及衣服应远离转动部件。

（4）当整车实训时，确保点火开关处于 LOCK 位置，操作另有要求除外。

（5）当就车工作时，应施加驻车制动（检查该部件时除外），除非特定操作要求置于其他挡位，否则应将挡位置于 N 位。

二、实施计划

1. 维修作业前检查及车辆防护

（1）维修作业前现场环境检查：

	作业内容： 检查绝缘垫、检查举升机、布置隔离围挡、悬挂工作警示牌 作业结果： 工作环境安全、设备正常、隔离围挡和警示牌可正常使用

（2）维修作业前防护用具检查：

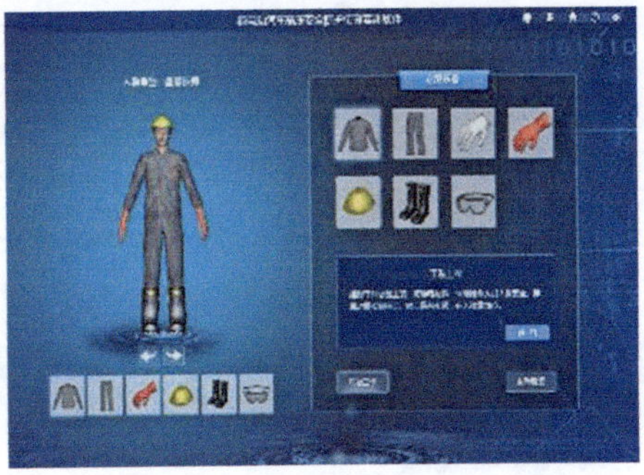	作业内容： 绝缘手套、绝缘鞋、护目镜、防护服、安全帽外观及性能检查 作业结果： 防护用具外观无破损、无油污、技术参数合格，可正常使用

（3）维修作业前仪表工具检查：

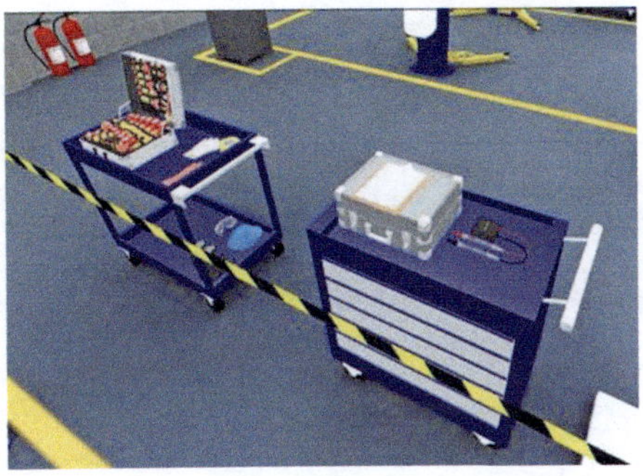	作业内容： 万用表、绝缘万用表、放电工装外观及性能检查 作业结果： 外观检查良好，绝缘万用表及放电工装性能正常

（4）维修作业前车辆防护：

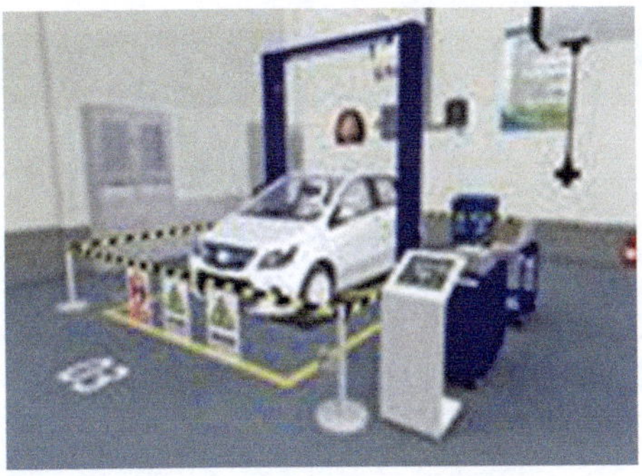	作业内容： 铺设维护保养三件套、车内防护用品 作业结果： 车辆防护完毕，可以进行车辆维护

2. 充电系统检测

（1）检查车载充电机工作状态：

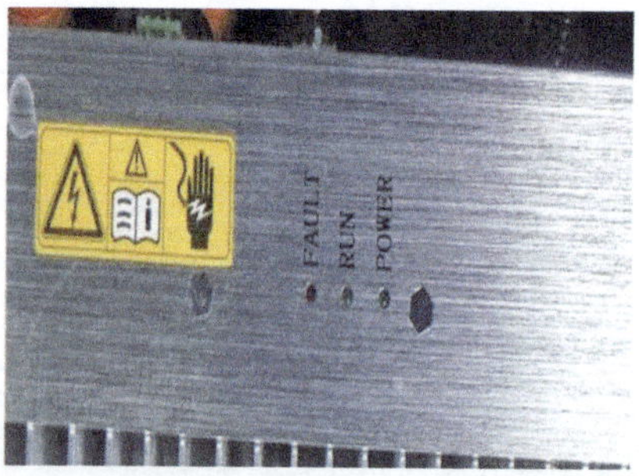 	充电枪状况	□插上充电枪 □拔下充电枪
	充电正常时，CHG 点亮指示灯	□POWER
		□RUN
		□FAULT

序号	故障现象	可能原因
1	起动 0.5min 后只有 POWER 灯亮	电池无充电请求或已充满
2	FAULT 灯亮	充电系统出现异常
3	所有充电灯都不亮	充电桩、充电线束及接插件可能出现异常，需检查

（2）检查慢充充电线：

检查充电线外观与端子状态：

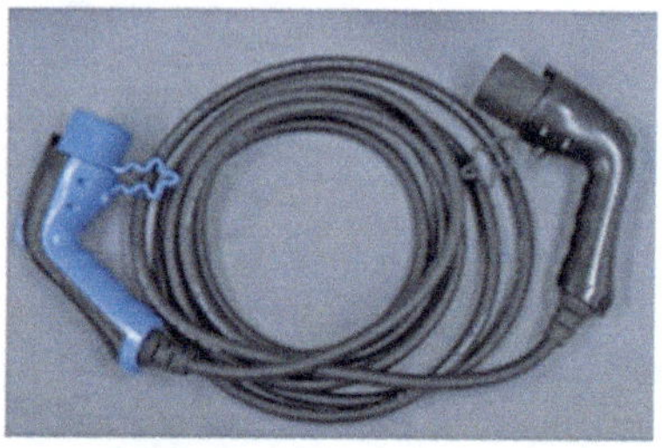	外观状态	□正常 □破损 □裂痕
	端子状态	□正常 □烧蚀 □损坏
	注意事项	出现破损及时更换

充电线导通测试：

充电线测量	选用仪表及挡位	测试结果	处理措施
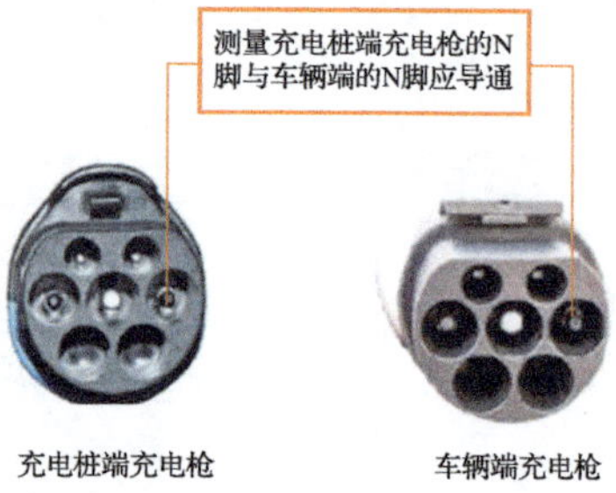 	万用表“蜂鸣挡”	□导通 □不导通 □阻值小于 0.5Ω □阻值大于 0.5Ω	□更换充电线总成 □不更换

续表

充电线测量	选用仪表及挡位	测试结果	处理措施
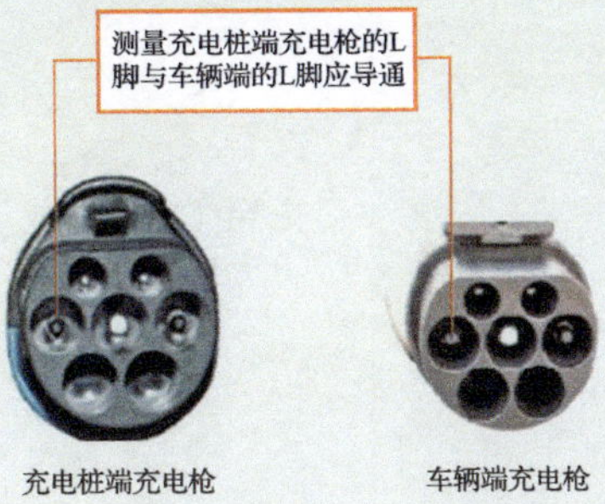	万用表“蜂鸣挡”	□ 导通 □ 不导通 □ 阻值小于 0.5Ω □ 阻值大于 0.5Ω	□ 更换充电线总成 □ 不更换
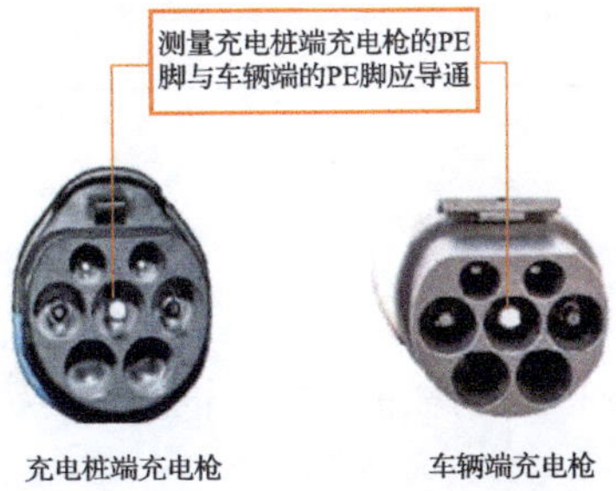	万用表“蜂鸣挡”	□ 导通 □ 不导通 □ 阻值小于 0.5Ω □ 阻值大于 0.5Ω	□ 更换充电线总成 □ 不更换
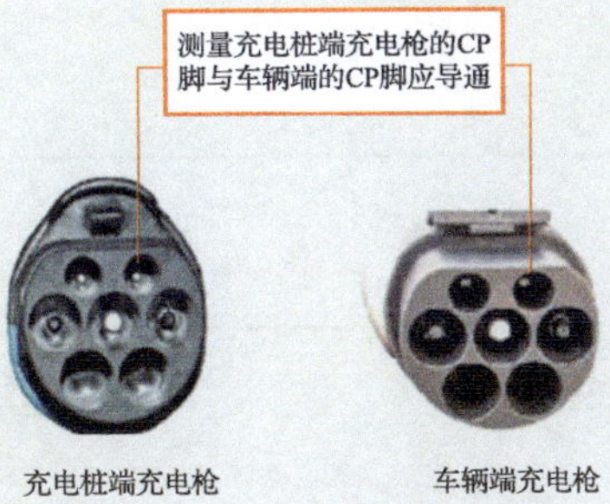	万用表“蜂鸣挡”	□ 导通 □ 不导通 □ 阻值小于 0.5Ω □ 阻值大于 0.5Ω	□ 更换充电线总成 □ 不更换
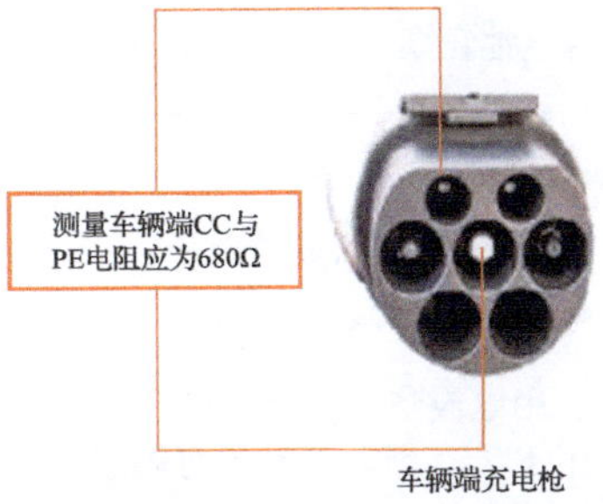	万用表“电阻挡”	□ 阻值 680Ω±3%（16A） □ 阻值 220Ω±3%（32A） □ 以上均不是，实际__Ω	□ 更换充电线总成 □ 不更换
		注意事项：测量时充电枪的解除锁止按键需保持在弹起状态	

续表

充电线测量	选用仪表及挡位	测试结果	处理措施
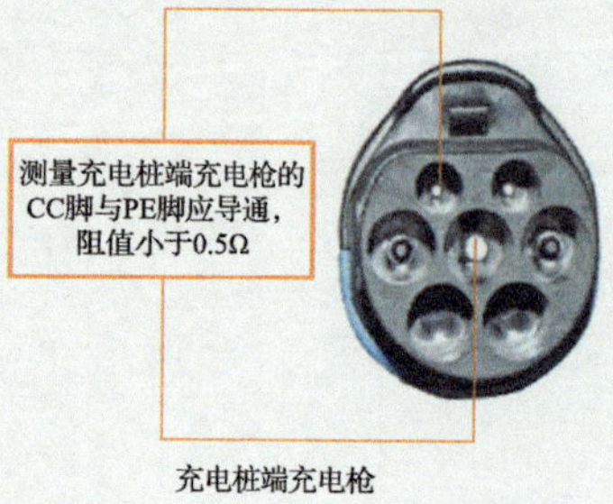	万用表“蜂鸣挡”	□ 导通 □ 不导通 □ 阻值小于 0.5Ω □ 阻值大于 0.5Ω	□ 更换充电线总成 □ 不更换

（3）检查充电口盖开关状态：

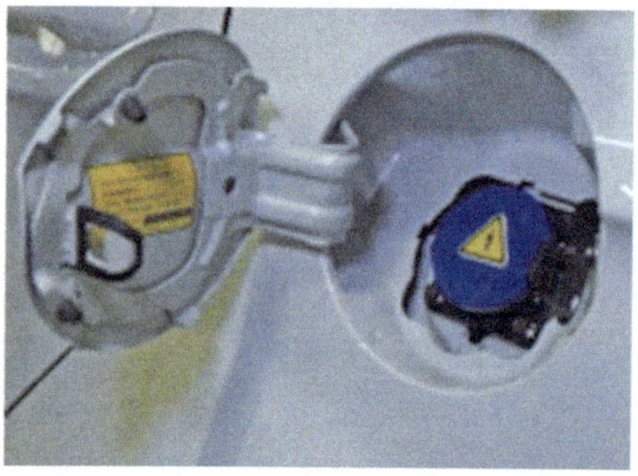	充电口盖状态	□ 能正常开启和关闭 □ 不能正常开启和关闭

（4）检查 DC/DC 转换器功能：

<table>
<tr><td rowspan="5">第一步：
将点火开关置于 LOCK 挡，使用专用万用表测量低压蓄电池的电压</td><td>点火开关挡位</td><td>LOCK</td></tr>
<tr><td>万用表挡位</td><td>电压挡</td></tr>
<tr><td>测量部位</td><td>低压蓄电池正负极</td></tr>
<tr><td>测量值</td><td>12V 左右
（关闭车上用电设备的情况下）</td></tr>
<tr><td>造成所测值高于规定值的可能原因</td><td>1. 车上用电设备未关闭。
2. 专用工具万用表测量值有误差。
3. 低压蓄电池故障。</td></tr>
</table>

续表

第二步： 将点火开关置于 ON 挡，再次测量，这时所测的电压值是 DC/DC 转换器输出的电压	点火开关挡位	ON
	万用表挡位	电压挡
	测量部位	低压蓄电池正负极
	测量值	13.8～14V （关闭车上用电设备的情况下）
	造成所测值低于规定值时的可能原因	1. 车上用电设备未关闭。 2. 专用工具万用表测量值有误差。 3. DC/DC 转换器故障。

三、评估反馈

项目	评分标准	分值	得分
接受工作任务	明确工作任务，准确记录客户及车辆信息	5	
信息收集	掌握工作相关知识及操作要点	10	
制订计划	计划合理可行	10	
实施计划	操作前做好场地设备及材料工具的准备工作	6	
	能介绍纯电动汽车充电系统各组成部件的名称及功能	12	
	能检测动力电池正负极与车身绝缘电阻并判断是否存在故障	12	
	能检测车载充电机正负极绝缘电阻并判断是否存在故障	12	
	能检测充电线束阻值并判断是否存在故障	12	
	能在整个操作过中规范操作，避免意外事故发生	6	
	能在操作结束后整理、清洁场地	5	
质量检查	按照要求完成相应任务	5	
评价反馈	经验总结到位，评价合理	5	
得分（满分 100）			

请根据自己在课堂中的实际表现进行自我反思和自我评价。

自我反思：____

____

自我评价：____

____

学习任务过程评价表

班级：________　　　　姓名：________　　　　学号：________

项目	自我评价			小组评价			教师评价		
	9～10	6～8	1～5	9～10	6～8	1～5	9～10	6～8	1～5
	占总评 10%			占总评 30%			占总评 60%		
学习活动 1									
学习活动 2									
协作精神									
纪律观念									
表达能力									
工作态度									
安全意识									
任务总体表现									
小计									
总评									

任课教师：________　　年　月　日

学习任务 5

动力电池系统维护保养

任务目标

1. 能够说出动力电池的结构与作用。
2. 能根据要求正确说出动力电池检查和维护要点。
3. 能够规范、快速、准确地对动力电池进行检查。
4. 能够在动力电池检查过程中客观地记录检查结果。

工作情境

刘先生上周在北汽 4S 店预约了对其新能源汽车北汽 EC200 做维护保养，刘先生反映车辆最近常雨天行驶，仪表偶尔报动力电池断开和动力电池故障。维修技师对车辆进行检查，怀疑可能是动力电池的内部问题，于是对动力电池整体进行了检查。

工作流程与活动

学习活动 1：动力电池系统认知。

学习活动 2：动力电池的基本检查。

学习活动 1

动力电池系统认知

★ 知识目标

1. 能够说出动力电池的结构与作用。
2. 能根据要求正确说出动力电池检查和维护要点。

★ 活动准备

1. 学习工具：学习笔记本、笔等。
2. 其他材料：北汽 EC200 实训车辆、网络资料等。

活动过程

一、了解电动汽车动力电池系统

1. 动力电池系统的组成及功能

动力电池系统主要由电池管理系统（BMS）、动力电池箱、动力电池模组及其他辅助元器件组成，如图 5-1 所示。动力电池系统接收和储存由车载充电机、发电机、制动能量回收装置和外部充电装置提供的高压直流电，并且为电驱动系统及电辅助系统提供能量。

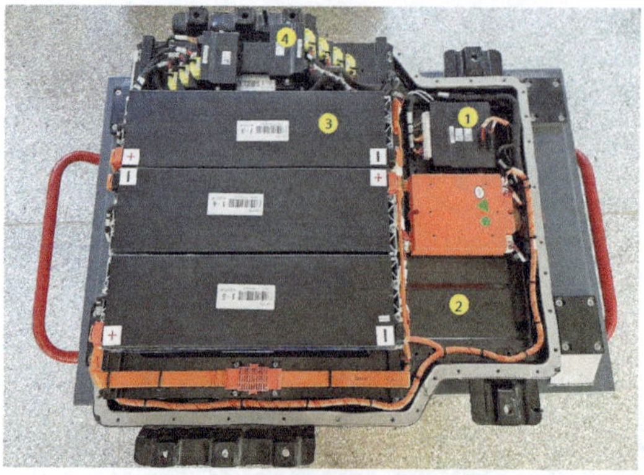

图 5-1　动力电池系统的组成

（1）电池管理系统（BMS）。BMS是电池保护和管理的核心部件，在动力电池系统中，它的作用就相当于人的大脑。它不仅要保证电池安全可靠地使用，而且要充分发挥电池的能量、延长电池使用寿命，并作为电池和VCU以及驾驶人沟通的桥梁，通过控制接触器控制动力电池组的充放电，同时向VCU上报动力电池系统的基本参数及故障信息。

（2）动力电池箱。动力电池箱是用来支撑、固定、包围电池系统的组件，其主要包含上盖和下托盘，还有过渡件、护板和螺栓等辅助器件。动力电池箱有承载及保护动力电池组与电气元件的作用。电池箱体螺栓在车身地板下方，其防护等级为IP67，螺栓拧紧力矩为80～100N·m。整车维护时需观察电池箱体螺栓是否有松动，电池箱体是否有破损、严重变形，密封法兰是否完整，确保动力电池可以正常工作。

（3）动力电池模组。动力电池模组是由多个电池模块串联组成的组合体。电池模块由若干个单体电池并联而成，该组合额定电压与单体电池的额定电压相等，是单体电池在物理结构和电路上连接起来的最小分组，可作为一个单元替换。单体电池（也称为电芯）是构成动力电池模组的最小单元。

（4）其他辅助元器件。其主要包括动力电池系统内部的电气元件，如熔断器、继电器、分流器、插接件、紧急开关和烟雾传感器等，维修开关以及电气元件以外的辅助元器件，如密封条、绝缘材料等。

2. 动力电池的主要性能指标

纯电动汽车的能量来源是动力电池组，其主要性能指标有电池容量、电池能量、放电率、比能量、比功率、荷电状态、放电深度、循环寿命等，这些参数表达了动力电池性能的优劣及对车辆续驶能力的影响。

（1）电池容量。电池容量指完全充电的电池在规定条件下所释放出的总容量，单位是A·h。其测量方法是在恒定的温度下，以恒定的放电速率对电池放电，当电池电压降到截止电压时，电池所放出的电量。

（2）电池能量。电池能量是在按一定标准所规定的放电制度下，电池所输出的电能，单位为瓦时（W·h）或千瓦时（kW·h）。

（3）放电率。放电率是指单体电池放电过程中的电流。

（4）比能量。比能量是指单位质量或单位体积的电池释放的能量，单位为W·h/kg或W·h/L。

（5）比功率。比功率是指单位质量或单位体积的电池所具有的输出能量的速率，单位是W/kg或W/L。

（6）荷电状态（State of Charge，SOC）。SOC是指当前电池中按照规定放电条件可以释放的容量占可用容量的百分比。

（7）放电深度（Depth of Discharge，DOD）。DOD表示蓄电池放电状态的参数，等于实际放电容量与可用容量的百分比。

(8) 循环寿命。循环寿命是在指定的充放电终止条件下，以特定的充放电制度进行充放电，动力电池在不能满足寿命终止标准前所能进行的循环数。一般把电池的额定容量降到额定值的 80%作为一个循环。

3. 动力电池系统的安装

动力电池的安装位置如图 5-2 所示，大部分电动汽车动力电池组都安装在汽车底盘，这样会使整车重量分布均衡，重心下降，行驶更加平稳并且释放大量空间，提高了汽车的实用性。

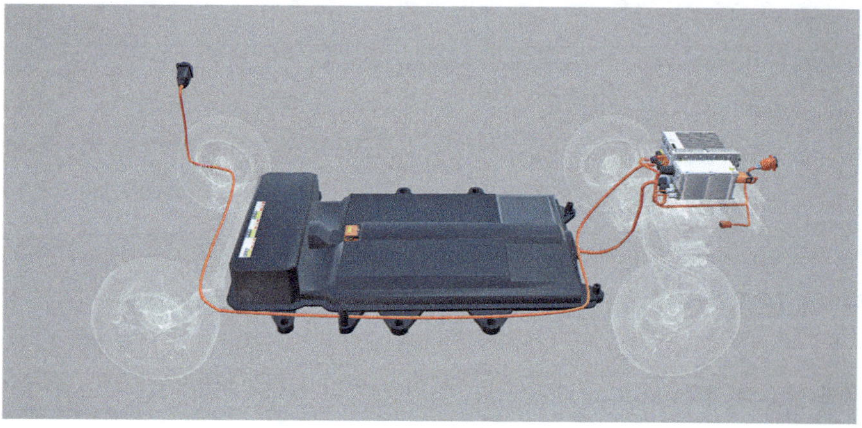

图 5-2　动力电池的安装位置

二、认知动力电池的安全设计

1. 动力电池系统安全性管控

动力电池系统产品的安全包含电气安全、机械安全、功能安全和化学安全四个方面。电气安全方面有过电流/外部短路保护、绝缘阻抗和抗电强度、直接接触和间接接触（等电位）、高压标识等；机械安全方面有密封（IP 等级）、耐振动、耐冲击、碰撞防护和防爆等；功能安全方面有过电压保护、欠电压保护、过温保护、过电流保护、碰撞过程中断开高压、ASIL 等级等；化学安全方面有材料阻燃等级、电芯安全要求和危险物品的标识等。动力电池系统安全性提升的关键环节如下：

(1) 模组材料安全。所有模组材料皆耐高温、耐腐蚀、防火等级高。一般模组上盖、外壳采用绝缘性、高低温特性和阻燃特性好的非金属材料，底板（盘）采用强度、刚度和疲劳特性好的铝合金材料。

(2) 结构安全。网状、笼状的模组框架牢牢锁住电池单元体。模组通过加强板固定在箱体承重结构上，确保突发状态下单体电池或模组不会脱落。托盘采用加强筋设计和壁厚冗余设计，以加强安全性。

（3）防爆安全。主动防爆通道设计，确保单体电池喷发的气、液能迅速排出，防止短路或局部过热导致的燃烧事故。箱体增加泄气阀设计及密封保压测试装置。

（4）HV 连接可靠性。模组内电压采集线通过稳固螺栓与极片连接，设计专用的走线通道，用于隔离电压回路，防止高低压回路的短接事故。单体电池间的极连采用先进的激光焊接连接方式，确保高压回路稳定可靠。

（5）BMS 主动保护功能。通过模糊温度控制技术，使系统内任一模组内部温度差在±2℃之内。BMS 有紧急情况的主动保护功能，如单体电池过充、过放、绝缘、温度过高、温差大等状态。

2. 电池能量管理系统

电池能量管理系统的功能具体如下：

（1）电池剩余电量估算。这在 BMS 中占据重要的地位，是 BMS 中软件处理的核心部分。

（2）预测行驶里程。驾驶人员通过智能预测系统来选择自己所要行驶里程及运行工况，操作方便。

（3）电池故障诊断。它主要针对电池组中的单个电池进行诊断，以便用户适时维护、更换电池，使汽车保持良好的运行工况。

（4）短路保护。电动汽车工作电压较高，一般为 337V 左右，因此 BMS 应具有监控主回路供电状况的功能，以防止短路给设备及人造成伤害。

（5）显示报警功能。经 ECU 运算处理后，显示报警功能会将电池运行工况等相关信息发送到显示单元，进行人机交互处理。

（6）实时跟踪监测电池系统运行状态参数。

3. 电池热管理系统

过高或过低的温度都会影响动力电池的寿命和性能，并有可能导致动力电池系统的安全问题，因此电池热管理系统对于电动汽车动力电池系统而言是必需的。

电池热管理系统有如下主要功能：

（1）电池温度的准确测量和监控。

（2）电池温度过高时的有效散热和通风。

（3）低温条件下的快速加热。

（4）有害气体产生时的有效通风。

（5）保证电池温度场的均匀分布。

4. 电池安全管理系统

电池安全管理系统主要包括烟雾报警、绝缘检测、自动灭火、过电压和过电流控制、过放电控制、防止温度过高、在发生碰撞的情况下关闭电池等功能。

5. 电池的能量管理数据处理、通信和显示

由电池组的数据检测和采集系统采集到的数据，包括电池充放电时的功率、SOC的估算、温度变化的限值等，通过BMS的CPU，按照控制电池充放电的算法逻辑，作为电池组充放电的规则，来限制电池组或电池模块充放电的电流保持均衡和安全。

三、检查和维护动力电池系统

(1) 绝缘检查（内部）。为了防止电箱内部短路，需要进行绝缘检查（内部）。方法：将电箱内部高压盒插头打开，用绝缘表测试总正、总负搭铁，阻值≥500Ω/V（1 000V电压下测量）。

(2) 模组连接件检查。为了防止螺钉松动造成故障，需要进行模组连接件检查。方法：用做好绝缘的扭力扳手紧固（转矩：35N·m），检查完成后，做好极柱绝缘。

(3) 电箱内部温度采集点检查。为了确保测温点工作正常，需要进行电箱内部温度采集点检查。方法：ECU监控与红外热像仪温度对比，检查温感精度。

(4) 电箱内部除尘。为了防止内部粉尘较多，影响通信，需要进行电箱内部除尘。方法：用压缩空气清理。

(5) 电压采集线检查。为了防止电压采集破损导致测试数据不准，需要进行电压采集线检查。

(6) 标识检查。目测标识是否脱落。

(7) 熔断器检查。为了保证熔断器状态良好，出现事故时可正常熔断，需要进行熔断器检查和规格核对。方法：用万用表二极管挡测量通断。

(8) 电箱密封检查。为了保证电箱密封良好，防止水进入，需要进行电箱密封检查。

(9) 继电器测试。为了防止继电器损坏，车辆无法正常上高压，需要进行继电器测试。方法：用监控软件起动关闭总正、总负继电器。

(10) 高低压插接件可靠性检查。为了确保插接件正常使用，需要进行高低压插接件可靠性检查。方法：检查插接件是否有松动、破损、腐蚀等情况。

(11) 其他电箱内零部件检查。为了保证辅助性的部件正常使用，需要进行其他电箱内零部件检查。方法：检查零部件是否有松动、破损和脱落等情况。

(12) 电池包安装点检查。为了防止电池包脱落，需要进行电池包安装点检查。方法：目测每个安装点焊接处是否有裂纹。

(13) 电池包外观检查。为了确保电池包未受到外界因素影响，需要进行电池包外观检查。方法：目测电池有无变形、裂痕、腐蚀、凹痕等。

(14) 保温检查。为了确保冬季电池包内部温度，需要进行保温检查。方法：目测电

池包内部边缘保温棉是否脱落、损坏。

(15) 电池包高低压线缆安全检查。为了确保电池包内部线缆无破损、漏电，需要进行高低压线缆安全检查。方法：目测电池包内部线缆是否破损、挤压。

(16) 电芯防爆膜、外观检查。为了防止电芯损坏、隔电，需要进行电芯防爆膜、外观检查。方法：目测电芯防爆膜、外观绝缘是否破损。

(17) CAN 电阻检查。为了确保通信质量，需要进行 CAN 电阻检查。方法：下电情况，用万用表欧姆挡测量 CAN 高、低电阻。

(18) 电池包内部干燥性检查。为了确保电池箱内部无水渍，需要进行电池包内部干燥性检查。方法：打开电池包，目测电池箱内部是否有积水，测量电池包绝缘。

(19) 电池加热系统测试。为了确保加热系统工作正常，避免冬季影响充电，需要进行电池加热系统测试。方法：电池箱通 12V，打开监控软件，启动加热系统，查看加热电流值。

四、总结与思考

你认为应该如何做好动力电池的基本检查？

____

____

____

学习活动 2 动力电池的基本检查

★ 知识目标

1. 能规范、快速、准确地对动力电池进行检查。
2. 能在动力电池检查过程中客观地记录检查结果。

★ 活动准备

1. 工具：汽车常用工具、警示标识牌、维护保养三件套、实训工装、绝缘防护用具、线手套等。

2. 实训设备：北汽 EC200 实训车辆、举升机、绝缘垫等。

3. 其他材料：维修手册、电池检测工单、网络资料等。

活动过程

一、制订计划

根据车辆维修要求，制订如下动力电池内部检查的作业计划：

序号	作业项目	操作要点
1	拆卸并清洁动力电池包	拆卸时配合默契，安全操作
2	拆卸动力电池上壳体	拆卸时配合默契，安全操作
3	安全检查电池模组间的连接线束	检查 BMS、电池控制盒、模组连线情况
4	目视检查模组外观	注意外观情况
5	测量每个模组电压	正确测量单体电池模组电压
6	测量预充电阻阻值	正确测量预充电阻阻值
计划审核	审核意见： 年　月　日　　签字：	

作业注意事项：

（1）实训开始前应做好个人着装准备、场地准备和工具准备。

（2）进入车内操作前，应先铺好维护保养三件套。

（3）当多人作业，起动运转设备或机器时，必须事先发出起动操作信号，确认安全后方可起动，并且机器设备运行时，身体及衣服应远离转动部件。

（4）当整车实训时确保点火开关处于 LOCK 位置，操作另有要求除外。

（5）当就车工作时，应施加驻车制动（检查该部件时除外），除非特定操作要求置于其他挡位，否则应将挡位置于 N 挡。

二、实施计划

1. 维修作业前检查及车辆防护

（1）维修作业前现场环境检查：

	作业内容： 检查绝缘垫，设立隔离柱，布置警戒线，张贴警示牌 作业结果： 现场环境达标，隔离距离正常，警示标牌清晰

（2）维修作业前防护用具检查：

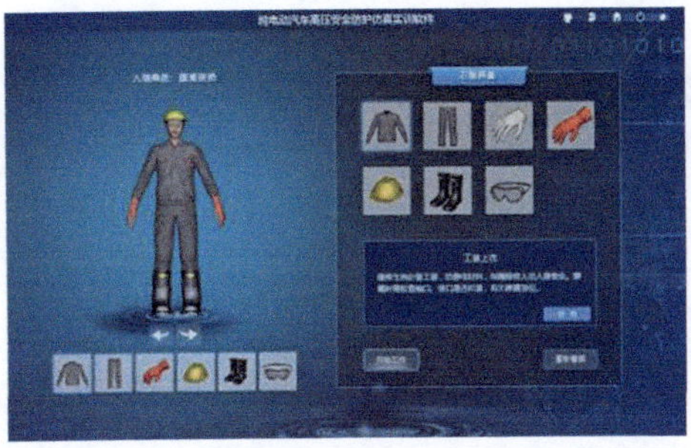	作业内容： 绝缘手套、绝缘鞋、护目镜、安全帽外观及性能检查 作业结果： 外观检查良好，绝缘手套及绝缘鞋技术参数合格

（3）维修作业前实施车辆防护：

	作业内容： 铺设翼子板防护垫、汽车维修三件套、脚垫 作业结果： 车辆防护实施完毕，可以进行故障诊断、维修任务

2. 动力电池内部检查项目

（1）车辆下电、举升后，检查动力电池外观及插接件状态：

车辆下电	□是 □否
电池底部状态	□正常 □磕碰 □划伤 □损坏
高压插接件	□正常 □变形 □松脱 □损坏
动力电池铭牌	□正常 □脏污 □缺失 □损坏
进行表面清洁	□是 □否 工具：________

（2）按照流程拆下动力电池包整体：

升起动力电池至合适位置，并连接电源后锁止轮子	□完成 □否	
调整电池举升车，使之托住动力电池底部	支点与电池接触情况	□留有缝隙 □轻微接触 □稍有受力
拆卸动力电池固定螺栓，缓慢降下动力电池举升车	螺栓数量	
	注意事项	

（3）将动力电池移出工位，清除动力电池外壳表面灰尘：

打开举升车轮锁止开关，将旧电池移出工位	电池举升车电源连接状态	□连接 □断开
	举升车车轮锁止个数	□1 □2 □3 □4
清洁动力电池外壳及灰尘	使用工具	□抹布 □清洁剂
	清洁原因	□清理尘土 □去除水渍

（4）拆卸动力蓄电池外壳固定螺栓：

	使用工具	
	规格	
	螺栓数量	螺栓：____个　螺母：____个
	螺栓存放位置	□电池外壳 □零件盒内 □衣服口袋

（5）掀开动力电池外壳，检查动力电池模组连接线束是否完好：

	拆卸动力电池外壳，检查密封条	密封条状态	□完好 □破损 破损位置：________
		密封条作用	
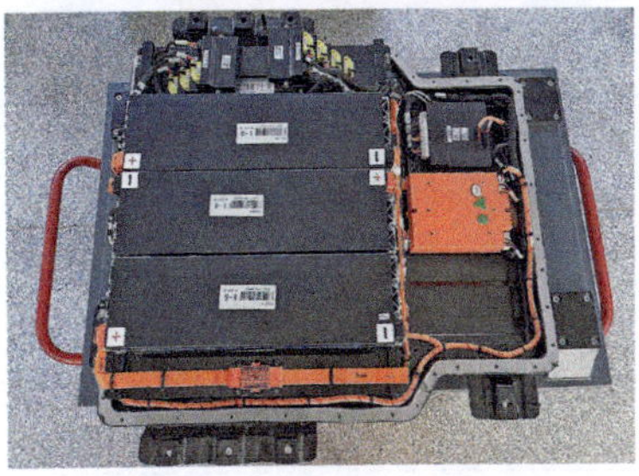	检查动力电池各连接线束是否完好	模组连接线	□完好 □破损
		BMS连接线	□完好 □破损
		电池控制盒连接线	□完好 □破损

（6）检查电池模组保护壳外观及固定情况：

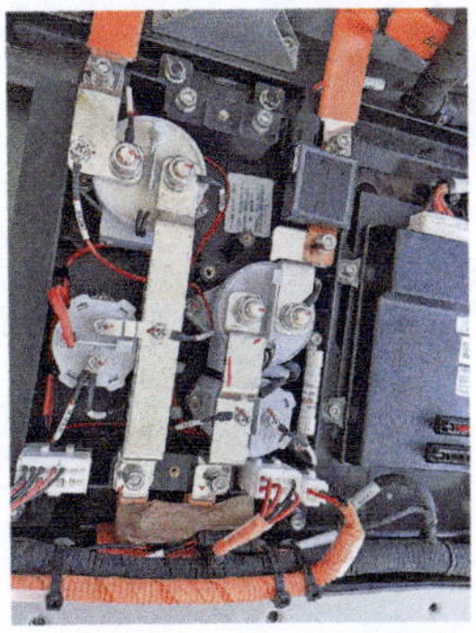	电池模块数量	
	单体电池数量	
	3P3S的含义	
	模组外观检查	□完好 □破损 模组损坏位置：________

（7）测量单体电池电芯及模组电压：

	单体电池电芯电压	
	3P2S 模组电压/V	

三、评估反馈

项目	评分标准	分值	得分
接受工作任务	明确工作任务，准确记录客户及车辆信息	5	
信息收集	掌握工作相关知识及操作要点	15	
制订计划	计划合理可行	8	
实施计划	操作前做好场地设备及材料工具的准备工作	5	
	能规范拆卸并清洁动力电池包	8	
	能规范拆卸动力电池上的壳体	8	
	安全检查电池模组间的连接线束	8	
	目视检查模组外观	8	
	准确检查每个模组电压，能判断是否正常	8	
	能正确检查预充电阻阻值	8	
	能在整个操作过中规范操作，避免意外事故发生	5	
	能在操作结束后整理、清洁场地	4	
质量检查	按照要求完成相应任务	5	
评价反馈	经验总结到位，评价合理	5	
得分（满分 100）			

请根据自己在课堂中的实际表现进行自我反思和自我评价。

自我反思：____

____

自我评价：____

____

学习任务过程评价表

班级：________ 姓名：________ 学号：________

项目	自我评价			小组评价			教师评价		
	9～10	6～8	1～5	9～10	6～8	1～5	9～10	6～8	1～5
	占总评 10%			占总评 30%			占总评 60%		
学习活动 1									
学习活动 2									
协作精神									
纪律观念									
表达能力									
工作态度									
安全意识									
任务总体表现									
小计									
总评									

任课教师：________ 年 月 日

学习任务 6

冷却系统维护保养

任务目标

1. 能介绍电动汽车冷却系统各组成部件的名称、作用及工作原理。
2. 能介绍冷却液成分和需要更换的原因。
3. 能够正确使用冰点测试仪判断冷却液是否需要更换。
4. 学会更换冷却液的操作方法。
5. 掌握更换冷却液的注意事项。

工作情境

小王在北汽新能源汽车某 4S 店实习，今天带队师傅告诉他要对北汽 EC200 纯电动汽车冷却系统进行维护作业。

你知道 EC200 纯电动汽车冷却系统维护内容有哪些吗？对冷却系统进行维护时有什么注意事项？

工作流程与活动

学习活动 1：冷却系统的基本检查。

学习活动 2：冷却液的更换。

学习活动 1

冷却系统的基本检查

★ 知识目标

1. 能介绍电动汽车冷却系统各组成部件的名称、作用及工作原理。
2. 能介绍冷却液成分和需要更换的原因。
3. 能够正确使用冰点测试仪判断冷却液是否需要更换。

★ 活动准备

1. 工具：汽车常用工具、警示标识牌、维护保养三件套、线手套、安全帽、护目镜、扭矩扳手、手电筒等。
2. 检测设备：冰点测试仪、北汽 EC200 实训车辆等。
3. 其他材料：维修手册、任务工单、网络资料等。

活动过程

一、了解冷却系统的作用

纯电动汽车冷却系统的作用是将大功率用电设备在工作过程中产生的热量及时散发，防止大功率用电设备工作温度过高，保证它们在最适宜的温度状态下工作。

二、了解冷却系统的工作原理

纯电动汽车冷却系统的工作原理是通过冷却液或冷却气流流经电机控制器、车载充电机和驱动电机等热源，热源通过热传递将热量传递给冷却液或气流，冷却液流经散热器将热量传递给散热器，冷却气流则直接将热量带走，完成冷却热源的过程。

三、了解冷却系统的组成及功用

纯电动汽车冷却系统组成主要有散热器、冷却风扇、电动水泵、控制器、膨胀水箱、驱动电机等，如图 6－1 所示。

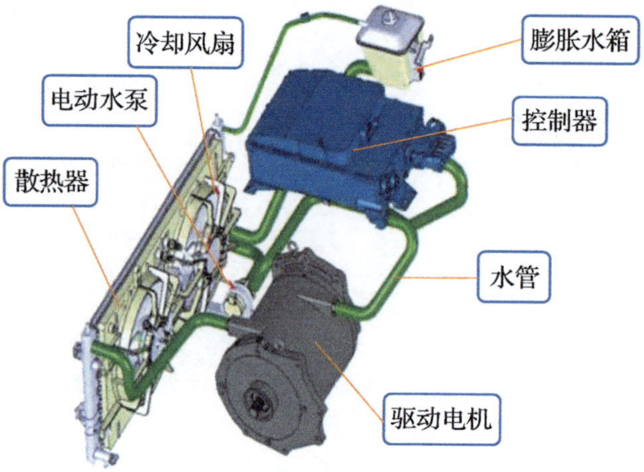

图 6－1　冷却系统组成

散热器的作用：使冷却液在散热器中通过空气流动来散热。

冷却风扇的作用：冷却风扇置于散热器后部，当风扇旋转时吸入空气，使空气通过散热器，带走热源的热量。

电动水泵的作用：电动水泵为冷却循环的动力元件，它的作用是对冷却液加压，使冷却液在循环回路里保持流动，带走热源的热量。

膨胀水箱的作用：起到平衡水箱压力的作用。当发动机温度高时，液体膨胀一部分防冻液通过水箱盖子流入膨胀水箱；当温度下降，冷却系统压力为负值时，系统通过水箱盖把膨胀水箱的防冻液吸入冷却系统。

四、了解冷却液的作用和类型

冷却液是一种混合物，由水、抗冻剂和添加剂三部分组成。

1. 冷却液的作用

冷却液的作用主要有：防冻、防锈蚀、防腐蚀、防水垢、防沸腾。

2. 冷却液的类型

按照抗冻剂类型的不同，可将冷却液分为酒精型、甘油型和乙二醇型，目前国内常使用的是乙二醇型。

知识链接

冰点测试仪如图 6－2 所示。

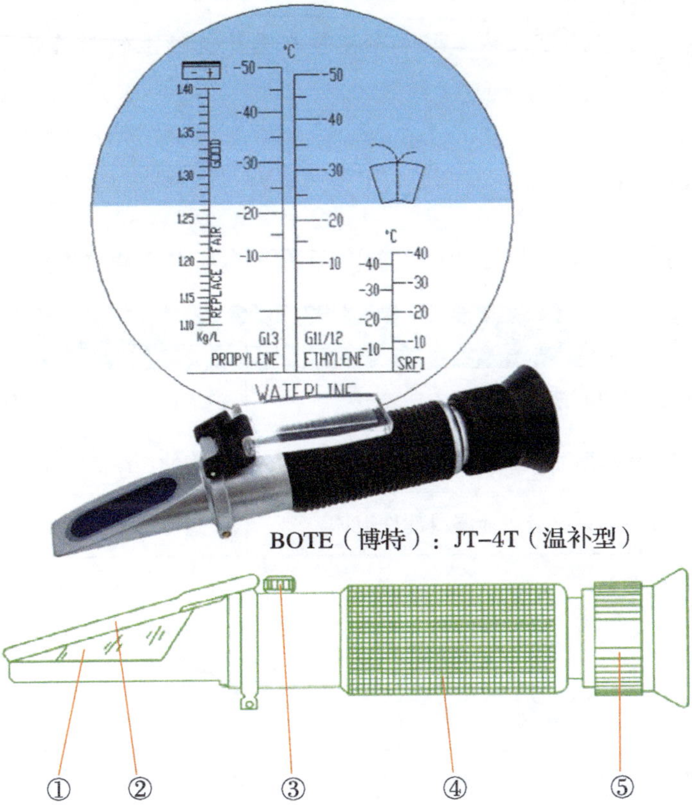

图 6-2　冰点测试仪

①—棱镜　②—盖板　③—校正钉　④—把套　⑤—目镜

冰点测试仪基本参数如下：

JT-2T/JT-4T	测量范围	分度值	准确度
防冻液冰点	−50～0℃	1℃	±0.5℃
电池液比重	1.10～1.40	0.01	±0.01
玻璃液冰点	−40～0℃	1℃	±1℃

冰点测试仪使用方法如下：

(1) 将折光棱镜对准光亮方向，调节目镜视度环，直到标线清晰为止。

(2) 调整基准：测定前首先使标准液（纯净水）、仪器及待测液体基于同一温度。掀开盖板，然后取 2～3 滴标准液滴于折光棱镜上，并用手轻轻按压盖板，通过目镜看到一条蓝白分界线。旋转校正钉使目镜视场中的蓝白分界线与基准线重合（0%）。

(3) 测量：用柔软绒布擦净棱镜表面及盖板，掀开盖板，取 2～3 滴被测溶液滴于折光棱镜上，盖上盖板轻轻按压，里面不要有气泡，然后通过目镜读取蓝白分界线的相对刻度，即为被测液体的测量值。

（4）测量完毕，直接用潮湿绒布擦干净棱镜表面及盖板上的附着物，待干燥后，妥善保存。

五、制订计划

根据车辆维护保养要求，制订针对车辆冷却系统的基本检查的作业计划：

序号	作业项目	操作要点
1	检查冷却液液位	副水箱位置和注意液位刻度
2	检查冷却液冰点	正确使用冰点测试仪
3	检查冷却系统有无泄漏或部件损坏	检查冷却系统各组成部件
计划审核	审核意见： 年　月　日　　　签字：	

作业注意事项：

（1）实训开始前应做好个人着装准备、场地准备和工具准备。

（2）将车停放至适合工作区域内并拉好手刹。

（3）进入车内操作前，应先铺设方向盘、座套、脚垫等防护用品。

（4）进行机舱内操作前，应先铺设维护保养三件套。

（5）需要起动车辆时，必须事先发出起动操作信号，并确认人员安全及设备完好后方可起动。

（6）当使用冰点检测仪时仔细阅读使用说明，避免不当操作造成仪器的损坏和测量不准确。

（7）热车打开散热器密封盖时，可能有热蒸汽溢出，必须戴好护目镜并穿上防护服，以免伤害眼睛和烫伤。用抹布盖住密封盖并小心打开。

（8）当冷却液温度高于环境温度时，请勿打开散热器盖，否则热的蒸汽或沸腾的冷却液会从散热器中飞溅出来对人体造成伤害。

(9) 加注冷却液时，应避免溅洒到车身上。

六、实施计划

1. 维修作业前检查及车辆防护

(1) 维修作业前现场环境检查：

	作业内容： 检查绝缘垫，检查举升机，布置隔离围挡，悬挂工作警示牌 作业结果： 工作环境安全，设备正常，隔离围挡和警示牌可正常使用

(2) 维修作业前防护用具检查：

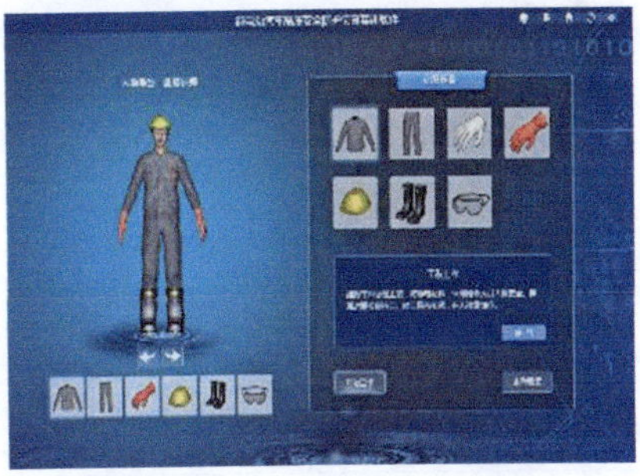	作业内容： 绝缘手套、绝缘鞋、护目镜、防护服、安全帽外观及性能检查 作业结果： 防护用具外观无破损、无油污、技术参数合格，可正常使用

(3) 维修作业前仪表工具检查：

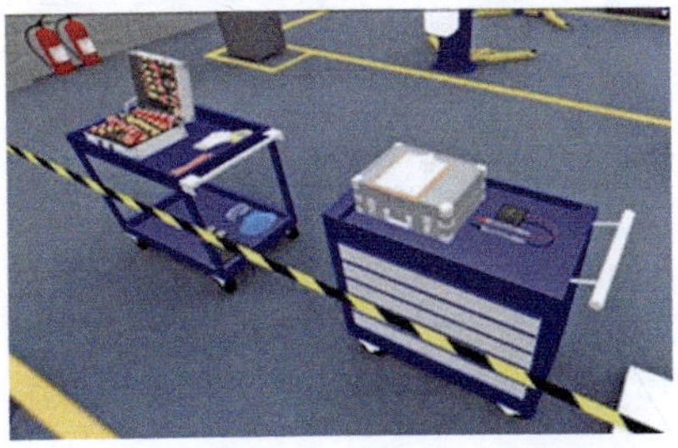	作业内容： 冰点测试仪、绝缘工具外观及性能检查 作业结果： 外观检查良好，绝缘万用表及放电工装性能正常

（4）维修作业前车辆防护：

<table>
<tr><td>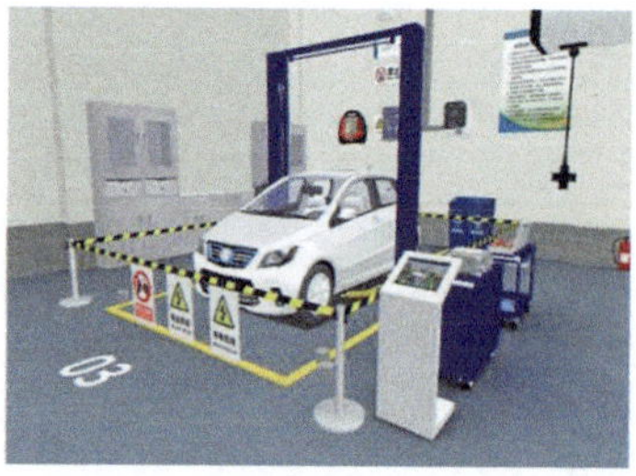</td><td>作业内容：
铺设翼子板三件套、车内防护用品
作业结果：
车辆防护完毕，可以进行车辆维护</td></tr>
</table>

2. 冷却系统检查

（1）检查冷却液液位：

<table>
<tr><td rowspan="3"></td><td>冷却液状态</td><td>冷却液液位</td><td>是否正常</td><td>颜色</td></tr>
<tr><td>□冷
□热</td><td>□高于 MAX 线
□MAX 和 MIN 线之间
□低于 MIN 线</td><td>□是 □否</td><td></td></tr>
<tr><td>注意事项</td><td colspan="3">如果冷却液液位低，需要添加冷却液；如果冷却液在短时间内液位有下降，表示冷却液泄漏，应立即查找漏点并维修</td></tr>
</table>

（2）检查冷却液冰点：

<table>
<tr><td rowspan="5">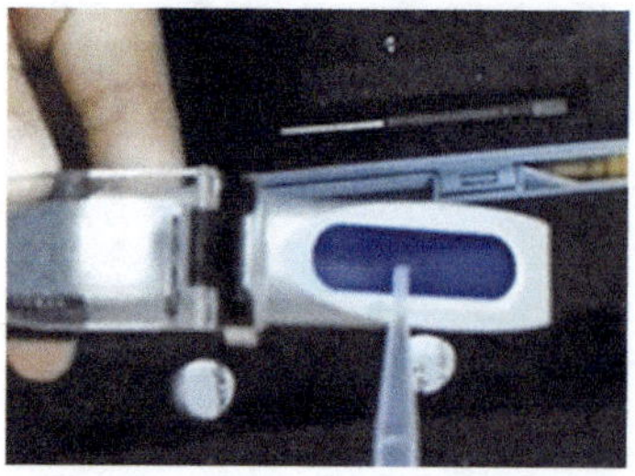</td><td colspan="2">仪器设备</td><td>读取数值</td><td>是否更换</td></tr>
<tr><td colspan="2">冰点测试仪</td><td></td><td>□是 □否</td></tr>
<tr><td colspan="2">规定冷却液含量</td><td colspan="2">规定冷却液防冻温度</td></tr>
<tr><td colspan="2">50%±5%左右</td><td colspan="2">一般地区：−25℃以下
极寒地区：最低至约−35℃</td></tr>
<tr><td>操作步骤</td><td colspan="3">1. 使用冰点测试仪时，用柔软的绒布将盖板及棱镜表面擦拭干净。
2. 将待测液体用吸管滴于棱镜表面，合上盖板轻轻按压。
3. 将冰点测试仪对向明亮处，旋转目镜使视场内刻度线清晰。
4. 读出明暗分界线在标示板上相应标尺上的数值。</td></tr>
</table>

（3）检查冷却系统有无泄漏和损坏：

检查泄漏部位	检查结果	具体位置及故障描述
软管	□正常 □异常	
零部件接口	□正常 □异常	
散热器	□正常 □异常	
水泵	□正常 □异常	
风扇	□正常 □异常	

七、评估反馈

项目	评分标准	分值	得分
接受工作任务	明确工作任务，准确记录客户及车辆信息	5	
信息收集	掌握工作相关知识及操作要点	15	
制订计划	计划是否合理可行	10	
实施计划	操作前做好场地设备及材料工具的准备工作	5	
	能说出冷却液加注的标准液位并判断是否需要添加	5	
	能说出冷却液的作用及车辆对其性能的要求	5	
	能正确使用冰点测试仪检测冷却液的冰点	8	
	能在使用后将冰点测试仪合理存放	5	
	能给车辆添加冷却液	6	
	能正确检查冷却系统是否有泄漏	6	
	能熟练清洁冷却系统内部和外部	10	
	能在整个操作过中规范操作，避免意外事故发生	5	
	能在操作结束后整理、清洁场地	5	
质量检查	按照要求完成相应任务	5	
评价反馈	经验总结到位，评价合理	5	
得分（满分100）			

请根据自己在课堂中的实际表现进行自我反思和自我评价。

自我反思：____

____

自我评价：____

____

学习活动 2

冷却液的更换

★ 知识目标

1. 学会更换冷却液的操作方法。
2. 掌握更换冷却液的注意事项。

★ 活动准备

1. 工具：汽车维修组合工具、警示标识牌、维护保养三件套、冷却液、清洗剂、绝缘防护用具、线手套、废液收集盘等。
2. 检测设备：北汽 EC200 实训车辆、举升机、绝缘垫、冰点检测仪等。
3. 其他材料：维修手册、任务工单、网络资料等。

活动过程

一、检查冷却系统外观

（1）观察冷态下冷却液副水箱，副水箱壁的 MAX（最高）和 MIN（最低）标线，检查液面。

（2）检查连接管路是否正常。

（3）检查散热器盖是否有损坏。

（4）检查驱动风扇是否正常。

二、更换冷却液操作流程

（1）拧下散热器盖或者副水箱盖。

（2）拧下散热器放水螺栓，放出冷却液。

（3）拧上放水螺栓，给冷却系统注入干净的水，并添加适量清洗剂。注意不要超过副水箱 MAX（最高）标线。

（4）起动主电机，空转主电机 30min（或者按照清洁剂指示进行操作），排出的水必须干净，否则需多次清洗。

（5）关掉主电机冷却 5min，拧下散热器放水螺栓，并用气枪对准散热器或者副水箱吹气至冷却液淌净。

（6）加注冷却液至副水箱 MAX（最高）标线处。

（7）开启电动水泵，运转 2～3min 停止，再次添加冷却液。

三、制订计划

根据车辆维护保养要求，制订更换冷却液的作业计划：

序号	作业项目	操作要点
1	检查冷却系统外观	管路连接点
2	清洗冷却系统	冷却系统清洗方法
3	排放、添加冷却液	施工安全
计划审核	审核意见： 年　月　日　　　签字：	

作业注意事项：

（1）实训开始前应做好个人着装准备、场地准备和工具准备。

（2）将车停放至适合工作区域内并拉好手刹。

（3）进入车内操作前，应先铺好方向盘、座套脚垫等防护用品。

（4）进行机舱内操作前，应先铺设维护保养三件套。

（5）需要起动车辆时，必须事先发出起动操作信号，并确认人员安全及设备完好后方可起动。

（6）使用冰点检测仪时，应仔细阅读使用说明，避免不当操作造成仪器的损坏和测量不准确。

（7）热车打开散热器密封盖时，可能有热蒸汽溢出，必须戴好护目镜并穿上防护服，以免伤害眼睛和烫伤。用抹布盖住密封盖并小心打开。

（8）当冷却液温度高于环境温度时，请勿打开散热器盖，否则热的蒸汽或沸腾的冷却液会从散热器中飞溅出来对人体造成伤害。

（9）加注冷却液时，应避免溅洒在身上。

四、实施计划

1. 维修作业前检查及车辆防护

（1）维修作业前现场环境检查：

	作业内容： 检查绝缘垫，设立隔离柱，布置警戒线，张贴警示牌 作业结果： 现场环境达标，隔离距离正常，警示标牌清晰

（2）维修作业前防护用具检查：

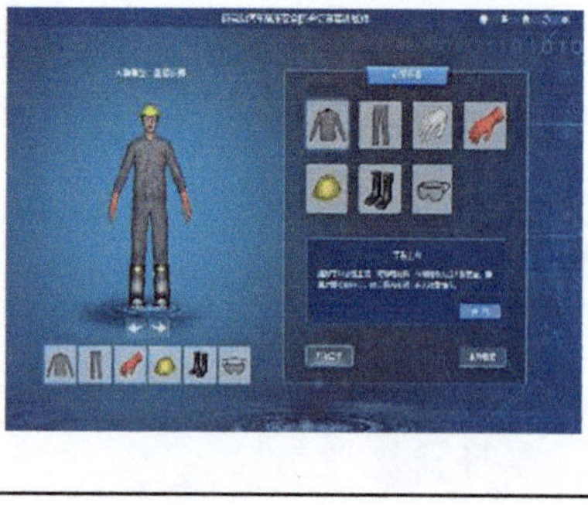	作业内容： 绝缘手套、绝缘鞋、护目镜、防护服、安全帽外观及性能检查 作业结果： 防护用具外观无破损、无油污、技术参数合格，可正常使用

（3）维修作业前仪表工具检查：

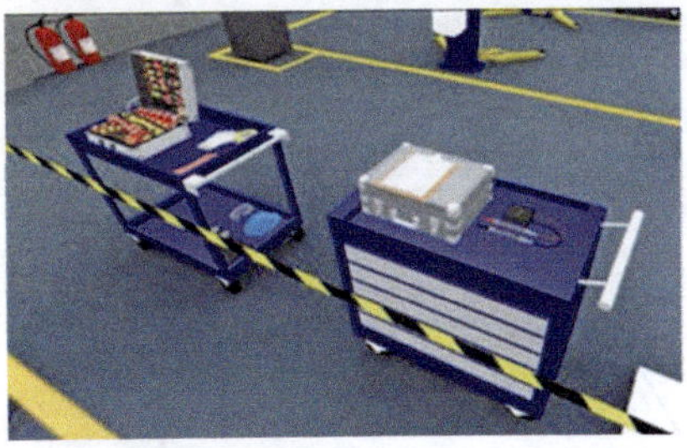	作业内容： 抹布、废液收集盘、冷却液、散热器清洗剂检查 作业结果： 工具设备准备齐全，可正常使用

（4）维修作业前实施车辆防护：

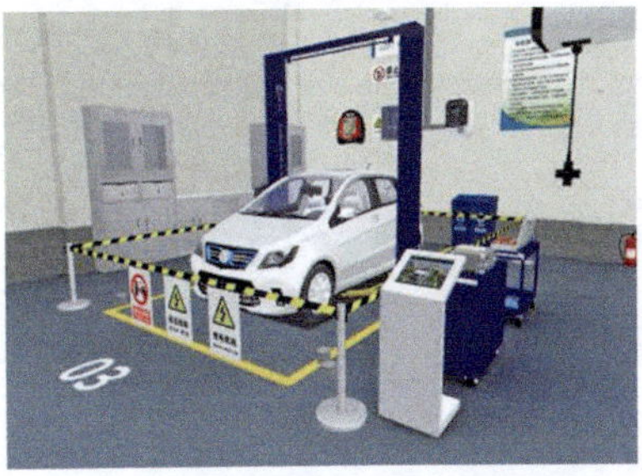	作业内容：铺设翼子板三件套、车内防护用品 作业结果：车辆防护完毕，可以进行车辆维护

2. 更换冷却液

（1）旧冷却液排放：

<table>
<tr><td rowspan="3">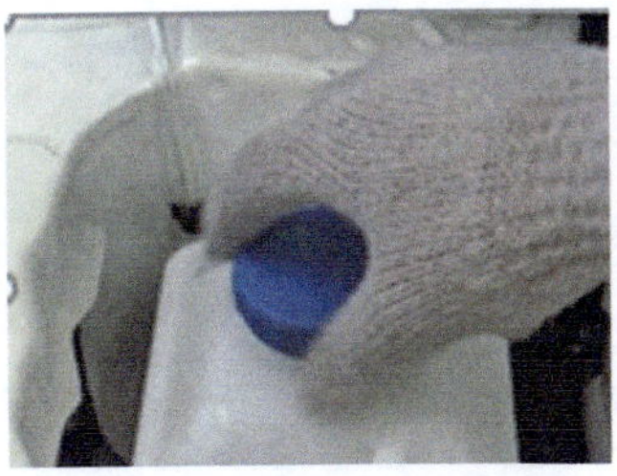</td><td rowspan="3">打开储液罐密封盖</td><td>更换周期</td><td>2 年</td></tr>
<tr><td>冷却液状态</td><td>□冷 □热</td></tr>
<tr><td>注意事项</td><td>戴好护目镜并穿上防护服</td></tr>
<tr><td rowspan="3"></td><td rowspan="3">举升车辆并将废液收集盘置于车下</td><td>车辆状态</td><td>熄火</td></tr>
<tr><td>举升高度</td><td>1.5m</td></tr>
<tr><td>注意事项</td><td>1. 举升车辆过程中，车底禁止站人。
2. 废液收集盘对准出液口，防止液体溅出</td></tr>
</table>

续表

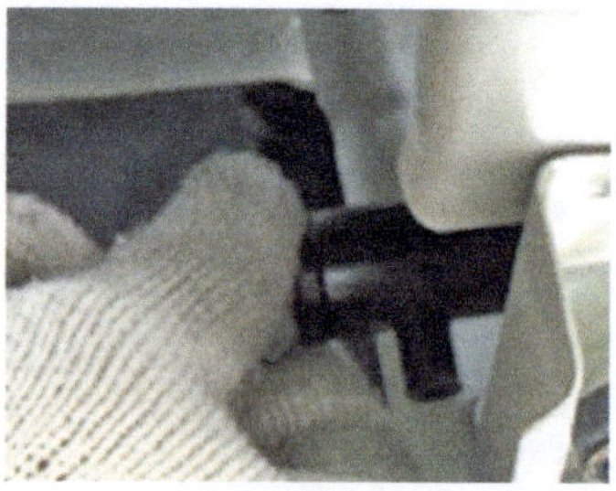	松开散热器冷却液排放螺栓	旋转方向	逆时针
		注意事项	冷却液有毒，防止接触人体
	排放出系统中的冷却液	是否再次使用	□是 □否
		注意事项	做好废液的回收处理

（2）清洗冷却系统：

	工具设备	清洗剂、清水、收集盘、高压气枪
	冷却系统清洗	1. 起动车辆，使冷却液温度达到正常的工作温度，关闭车辆，放尽冷却液，将清洗液加入冷却系统中。

续表

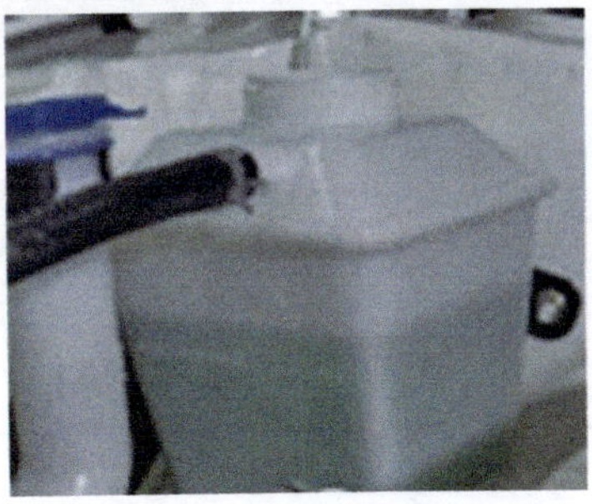	冷却系统清洗	2. 起动车辆，待各高压部件达到正常工作温度后，保持 20min，然后关闭车辆，放出清洗液。 3. 加入清洁的水，起动车辆冲洗冷却系统 5min 后放出，如果排出的液体较脏，则继续用清水清洗直到排出清水为止。

（3）添加冷却液：

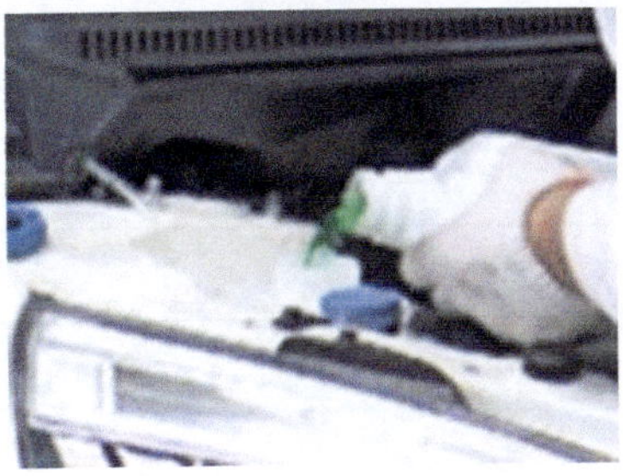	加注冷却液	是否混合使用	□是 □否
		冷却液防冻温度	一般情况：－25℃ 极寒地区：－35℃
		添加截止位置	储液罐上限
	开启电动水泵，带动冷却系统循环，再向储液罐中补充冷却液	电动水泵每次运行时间	2～3min
		可否用水代替冷却液	□是 □否

续表

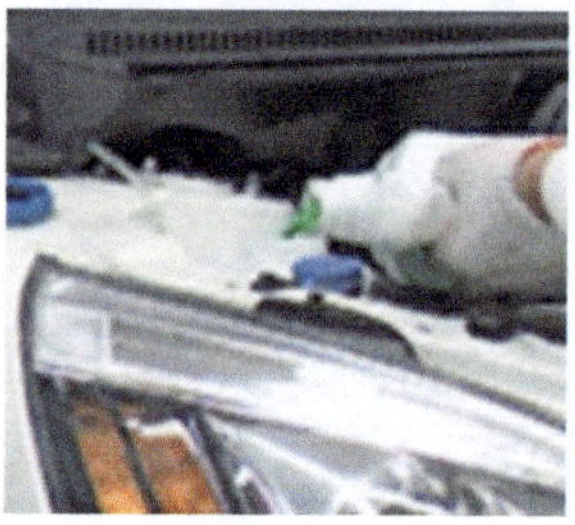	重复加注冷却液，直至达到总加注量要求。然后向储液罐中加注至上限位置	冷却液总加注量	6L
		冷却液上限	□ MAX □ MIN

五、评估反馈

项目	评分标准	分值	得分
接受工作任务	明确工作任务，准确记录客户及车辆信息	5	
信息收集	掌握工作相关知识及操作要点	15	
制订计划	计划合理可行	10	
实施计划	操作前做好场地设备及材料工具的准备工作	5	
	能说出冷却液定期更换的原因	5	
	能选择合适的冷却液	5	
	能按规定完成排放冷却液的操作	10	
	能熟练清洁冷却系统内部和外部	10	
	能按照规定完成加注冷却液的操作	10	
	能在整个操作过程中规范操作，避免意外事故发生	10	
	能在操作结束后整理、清洁场地	5	
质量检查	按照要求完成相应任务	5	
评价反馈	经验总结到位，评价合理	5	
得分（满分 100）			

请根据自己在课堂中的实际表现进行自我反思和自我评价。

自我反思：____

____

自我评价：____

____

学习任务过程评价表

班级：________　　　　姓名：________　　　　学号：________

项目	自我评价			小组评价			教师评价		
	9～10	6～8	1～5	9～10	6～8	1～5	9～10	6～8	1～5
	占总评 10%			占总评 30%			占总评 60%		
学习活动 1									
学习活动 2									
协作精神									
纪律观念									
表达能力									
工作态度									
安全意识									
任务总体表现									
小计									
总评									

任课教师：________　　年　月　日

学习任务 7

底盘的基本检查与减速器油的更换

任务目标

1. 能够对电动汽车底盘进行基本检查操作。
2. 能够对电动汽车减速器油进行更换。

工作情境

今天，合作单位有一位电动汽车车主反映，车辆行驶过程中出现底盘异响和刹车无力等现象，需要我们来完成底盘和减速器检查。

工作流程与活动

学习活动 1：底盘的基本检查。

学习活动 2：减速器油的更换。

学习活动 1

底盘的基本检查

★ 知识目标

1. 了解电动汽车底盘检查的相关工具。
2. 掌握电动汽车底盘各部位基本检查的方法及步骤。

★ 活动准备

1. 工具：汽车常用工具、警示标识牌、维护保养三件套、线手套、安全帽、护目镜、扭矩扳手、手电筒等。

2. 检测设备：举升机、北汽 EC200 实训车辆等。

3. 其他材料：维修手册、任务工单、网络资料等。

活动过程

一、了解电动汽车底盘相关知识

传统汽车底盘由传动系统、行驶系统、转向系统、制动系统、汽车悬架系统等部分组成，其作用是支撑和安装发动机、车身等其他总成与部件，形成汽车的整体，并接受发动机输出的动力，使汽车产生运动且保证汽车正常行驶。

(1) 汽车传动系统由离合器、变速器、万向传动装置、主减速器、差速器等组成，其作用是将汽车发动机发出的动力按需要传给驱动车轮，使路面对驱动车轮产生一个牵引力，推动汽车行驶。

(2) 汽车行驶系统由车架、车桥、车轮、悬架等部件组成，其作用是将汽车各总成及部件连成一个整体并对全车起支撑作用。

(3) 汽车转向系统由转向盘、转向器和转向传动机构等组成，其作用是保证汽车按驾驶员选择的方向行驶。

(4) 汽车制动系统由制动传动机构、车轮制动器、驻车制动器等部件组成，其作用是控制汽车实现减速、停车以及可靠停驻。

(5) 汽车悬架系统是由车身与轮胎间的弹簧和避震器组成的整个支持系统，具有支持车身、改善乘坐感觉等功能，不同的悬挂设置会使驾驶者有不同的驾驶感受。外表看似简单的汽车悬架系统综合多种作用力，决定着轿车的稳定性、舒适性和安全性，是现代轿车十分关键的部件之一。

前悬架系统总成结构如图 7－1 所示。

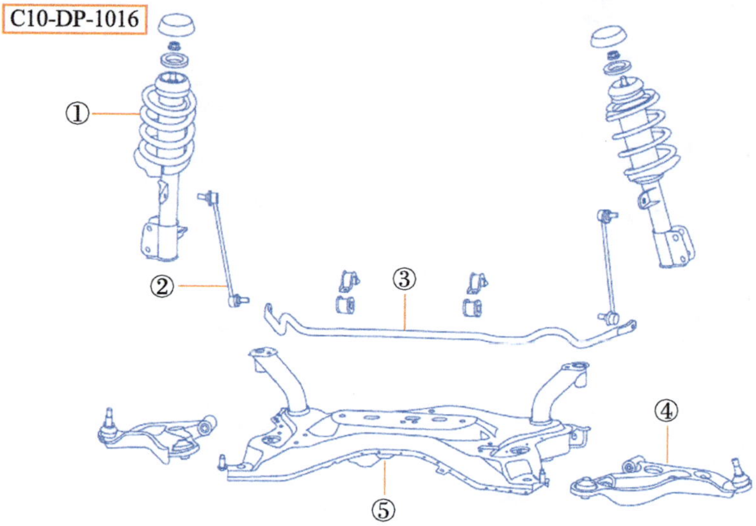

图 7－1　汽车前悬架系统总成结构

①—前减振器总成　②—前稳定杆连杆总成　③—前稳定杆　④—前下摆臂总成　⑤—前副车架总成

后悬架系统总成结构如图 7－2 所示。

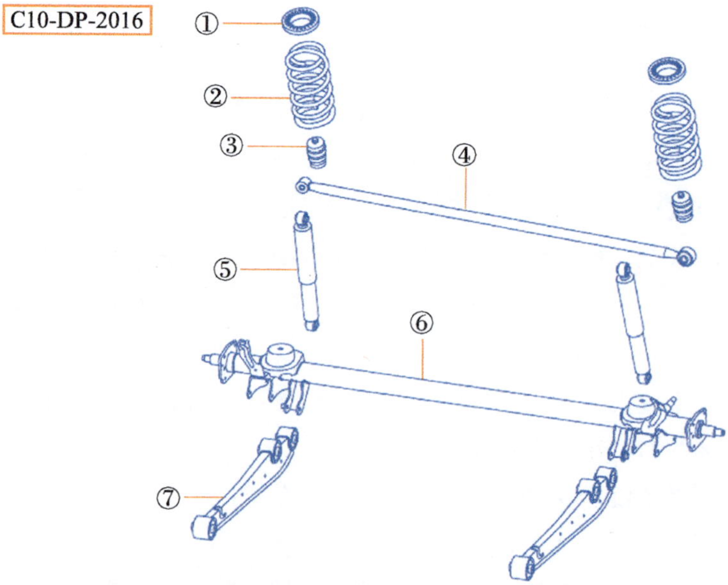

图 7－2　汽车后悬架系统总成结构

①—后螺旋弹簧上护套　②—后螺旋弹簧　③—后缓冲块　④—后推力杆
⑤—后减振器　⑥—后扭力梁总成　⑦—后纵臂

二、制订计划

根据电动汽车底盘检查的要求，制订如下作业计划：

序号	作业项目	操作要点
1	万向节防护套、高压线缆是否破损	目测检查
2	车身底部及驱动电机等是否有磕碰	目视检查
3	前悬支架、电池等固定螺栓紧固情况	按规定力矩拧紧
4	车辆悬挂减振情况	按压检查
计划审核	审核意见： 年　月　日　　　签字：	

作业注意事项：

（1）实训开始前应摘掉戒指、手表和项链，脱去宽松的衣服，换上工作服，长头发应挽起固定于脑后。

（2）当多人作业，起动运转设备或机器时，必须事先发出起动操作信号，确认安全后方可起动，并且机器设备运行时，身体及衣服应远离转动部件。

（3）按正确的方法使用状态良好的工具，使用后应立即清理。

（4）当使用汽车举升机时应严格按照举升机的操作规程进行作业。

（5）整车实训时确保点火开关处于 LOCK 位置，操作另有要求除外。

（6）当就车工作时，应施加驻车制动（检查该部件时除外），除非特定操作要求置于其他挡位，否则应将挡位置于 N 挡。

（7）扭力扳手是在拧紧固件（螺栓、螺母）时测量其拧紧力矩用的，绝不能去拆已拧紧的紧固件，不能敲打、磕碰或另作他用；在扳手手柄上尽量使用拉力（力向上）而不要用推力（力向下）；防止操作失败时人员意外伤害；使用时应严禁在尾部加套管或长柄，有专用配套附件（套管或长柄）除外；使用前后，扳手应存放于专用盒内，不可随处放置。

三、实施计划

（1）举升车辆，目测传动轴万向节防护套有无泄漏或损坏：

	检查万向节防护套外观	左前轮	□完好 □破损
		右前轮	□完好 □破损
		右后轮	□完好 □破损
		左后轮	□完好 □破损
	检查万向节是否有漏油现象	左前轮	□无渗漏 □漏油
		右前轮	□无渗漏 □漏油
		右后轮	□无渗漏 □漏油
		左后轮	□无渗漏 □漏油
	检查万向节轴卡箍	左前轮	□完好 □破损
		右前轮	□完好 □破损
		右后轮	□完好 □破损
		左后轮	□完好 □破损

（2）目测动力电池及驱动电机是否有磕碰、损坏：

	检查动力电池外观及固定情况	外观	□无磕碰、凹陷 □有明显损伤
		固定螺栓紧固情况	□正常 □松动
			工具规格：18 mm 拧紧力矩：95～105 N·m
	检查驱动电机外观	外观	□无磕碰、凹陷 □有明显损伤

（3）目测轮罩和边缘是否有磕碰、损坏：

	检查轮罩和边缘外观	左前轮	□ 完好 □ 破损
		右前轮	□ 完好 □ 破损
		右后轮	□ 完好 □ 破损
		左后轮	□ 完好 □ 破损
	是否需要维修		□ 是 □ 否

（4）检查驱动电机及减速器前悬支架的固定螺栓，按照规定力矩拧紧：

 	检查驱动电机及减速器前悬支架螺栓	螺栓数量：4
		工具规格及拧紧力矩：
		A：13mm（两个），50～60N·m □ 正常 □ 松动 B：15mm，70N·m □ 正常 □ 松动 C：15mm，80～90N·m □ 正常 □ 松动

（5）卸下护板，检查减速器是否漏油：

		作用： 保护驱动电机、减速器、真空泵、压缩机等零部件
		作用： 保护动力电池高低压母线，防止遇水溅入
	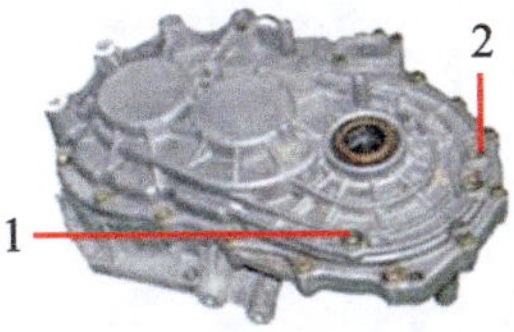	1：放油螺栓 2：油位螺栓
	是否有漏油现象：□ 是 □ 否 漏油位置：________________	

（6）检查车辆高压线缆保护套有无进水、老化、破损：

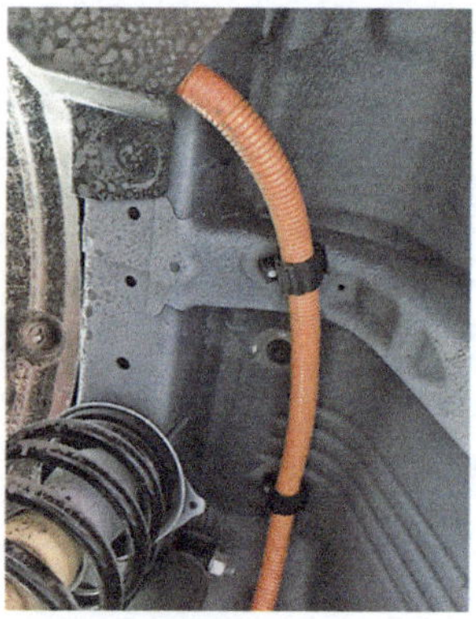

检查位置			
慢充线束	动力电池母线	空调压缩机电源线	电机 UVW 三相线
检查结果			
□完好 □破损	□完好 □破损	□完好 □破损	□完好 □破损
处理结果：________________			

（7）检查悬架支架与车身连接固定螺栓情况：

检查支架与车身连接固定螺栓	□正常　　□松动
	工具规格：15mm
	拧紧力矩：65±5N·m

（8）按压车辆，观察车辆悬挂避振情况：

左前轮	□偏软 □偏硬 □适中
右前轮	□偏软 □偏硬 □适中
右后轮	□偏软 □偏硬 □适中
左后轮	□偏软 □偏硬 □适中

四、评估反馈

项目	评分标准	分值	得分
接受工作任务	明确工作任务，理解任务在车辆维护保养中的重要程度	5	
信息收集	知道电动汽车底盘清洗及防护方法	5	
	熟悉电动汽车底盘转向节、半轴、悬挂等结构	8	
	知道悬挂的几种类型和应用车型	6	
制订计划	制订底盘检查的作业计划	10	
	能协同小组人员安排任务分工	5	
	能在实施前准备好所需要的工具器材	5	
实施计划	正确检查万向节防护套有无泄漏或损坏情况	8	
	正确检查电池及驱动电机外观和固定情况	3	
	按规定力矩拧紧动力电池固定螺栓	8	
	正确检查轮罩和边缘并确定其是否需要维修	2	
	按照规定力矩拧紧电机及减速器前悬支架的固定螺栓	8	
	了解减速器的几个油孔名称，完成减速器漏油检查	2	
	清楚底盘高压线缆检查项目，正确检查保护套有无进水、老化、破损，并能判断其是否需要修复或更换	5	
	按照规定力矩拧紧悬挂支架与车身连接的固定螺栓	3	
	正确检查车辆悬挂避振情况，并判断其是否需要维修	3	
质量检查	学生任务完成，操作过程规范	10	
评价反馈	学生能对自身表现情况进行客观评价	2	
	学生在任务实施过程中发现自身问题	2	
得分（满分 100）			

请根据自己在课堂中的实际表现进行自我反思和自我评价。

自我反思：____

自我评价：____

学习活动 2

减速器油的更换

★ 知识目标

1. 能够正确选用维修工具。
2. 了解安全规章制度，树立安全生产意识。
3. 能够掌握减速器油的更换方法及步骤。

★ 活动准备

1. 工具：汽车常用工具、警示标识牌、维护保养三件套、实训工装、绝缘防护用具、线手套、废机油收集桶、内六角扳手、齿轮油加注器、减速器润滑油、密封胶、扭矩扳手等。

2. 检测设备：北汽 EC200 实训车辆、举升机、绝缘垫等。

3. 其他材料：维修手册、维修工单、网络资料等。

活动过程

一、了解汽车减速器相关知识

北汽新能源 EC 系列电动车减速器是一款前置前驱减速器，采用左右分箱、两级传动结构设计，具有体积小、重量轻、传递扭矩大的特点。其减速器动力传动机械部分依靠两级齿轮副来实现减速增扭。其按功用和位置分为五大组件：右箱体、左箱体、输入轴组件、中间轴组件、差速器组件。

检查减速器润滑油的方法：

（1）确认车辆处于水平状态，检查减速器是否有漏油痕迹，如有则分析漏油原因，修理漏油部位。

（2）拆下油位螺塞，检查油位。如润滑油与油位螺塞齐平，则说明油位正常；否则应增加规定级别润滑油，直到油位螺塞孔口出油为止。

减速器油更换步骤：

(1) 在换油前，必须停车断电，水平提升车辆。

(2) 检查减速器油位以及是否漏油，如有漏油，应及时予以处理。

(3) 拆下放油螺塞，把废油排放干净。

(4) 放油螺塞涂抹少量密封胶，并按规定力矩（12～18N·m）拧紧。

(5) 拆下油位螺塞、进油螺塞。

(6) 按规定的型号、规定油量加注润滑油。

(7) 油位螺塞、进油螺塞涂抹少量密封胶，并按规定力矩拧紧。

二、制订计划

根据电动汽车维修更换减速器油的要求，制订如下作业计划：

序号	作业项目	操作要点
1	关闭点火开关，举升车辆	举升机支点调整到位
2	检查减速器油是否有渗漏	目视检查
3	更换减速器油	排放废油
4	打扫场地	按照5S管理执行
计划审核	审核意见： 年　月　日　　　签字：	

作业注意事项：

(1) 实训开始前应摘掉戒指、手表和项链，脱去宽松的衣服，换上工作服，长头发应挽起固定于脑后。

(2) 当多人作业，起动运转设备或机器时，必须事先发出起动操作信号，并确认安全后方可起动，并且机器设备运行时，身体及衣服应远离转动部件。

(3) 按正确的方法使用状态良好的工具，使用后应立即清理。

(4) 当使用汽车举升机时应严格按照举升机的操作规程进行作业。

(5) 整车实训时确保点火开关处于LOCK位置，操作另有要求除外。

(6) 当就车工作时，应施加驻车制动（检查该部件时除外），除非特定操作要求置于其他挡位，否则应将挡位置于N/P挡。

（7）当涂抹密封胶时，涂抹少量即可，勿涂抹过量。

（8）减速器油位螺塞、进油螺塞、放油螺塞不可旋入过多，拧入到位即可。

三、实施计划

（1）停车断电，水平举升车辆：

	将车辆停放到工位，关闭点火开关	点火开关位置	LOCK
	调整举升机支点	举升机类型	双柱龙门举升机
		支点数量	4
		是否对称举升	□是 □否
	水平提升车辆	车辆高度	□比维修人员高 □比维修人员低
		车辆升起后是否锁止	□是 □否

（2）检查减速器油位以及减速器是否漏油：

	检查减速器是否有漏油痕迹，如有，应分析漏油原因，修理漏油部位	是否有漏油痕迹	□有 □无
		漏油位置：________________	

续表

<table>
<tr><td rowspan="5"></td><td rowspan="5">拆下油位螺塞，检查油位</td><td colspan="2">使用工具</td><td>内六角扳手</td></tr>
<tr><td colspan="2">规格</td><td>8mm</td></tr>
<tr><td colspan="2">油位是否正常</td><td>□是 □否</td></tr>
<tr><td colspan="3">更换减速器油的周期</td></tr>
<tr><td>□新车行驶3 000km或3个月时</td><td>□车辆使用奇数公里数或经检查需要更换时</td><td>□车辆使用偶数公里数或经检查需要更换时</td></tr>
</table>

（3）拆下放油螺塞，排放废油：

<table>
<tr><td rowspan="2"></td><td rowspan="2">旋松放油螺塞</td><td>使用工具</td><td>内六角扳手</td></tr>
<tr><td>规格</td><td>8mm</td></tr>
<tr><td rowspan="2">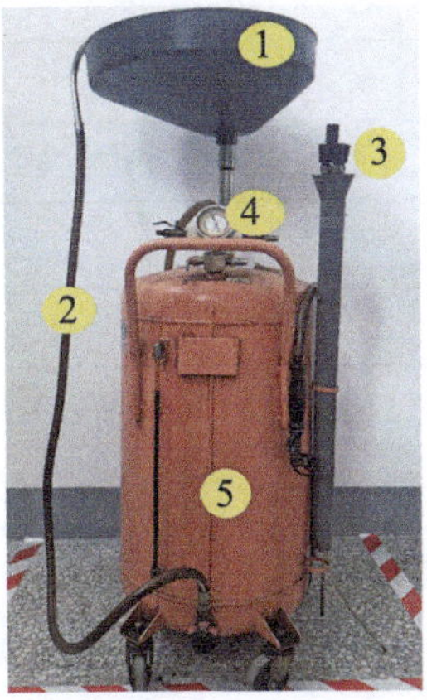</td><td rowspan="2">收集排放出的减速器油</td><td>使用设备</td><td>废机油收集接油桶</td></tr>
<tr><td colspan="2">1—接油盆
2—排油管
3—抽油针管
4—压力表
5—储油罐</td></tr>
</table>

（4）待废油排完以后，将放油螺塞拧上：

	放油螺塞涂抹少量密封胶	密封胶类型	平面密封硅橡胶
		密封胶颜色	灰
		密封胶容量	100 或 300ml
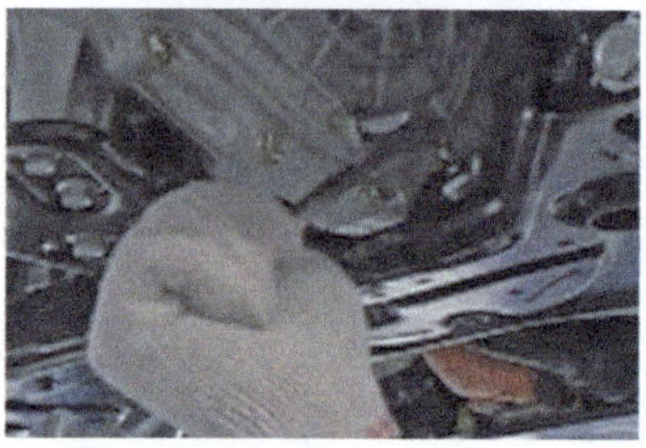	按规定力矩拧紧	使用工具	扭矩扳手
		规格	8mm
		拧紧力矩	12～18N·m

（5）加注新润滑油：

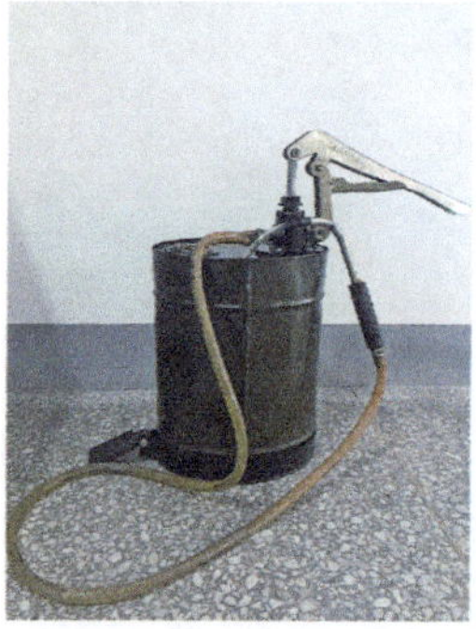	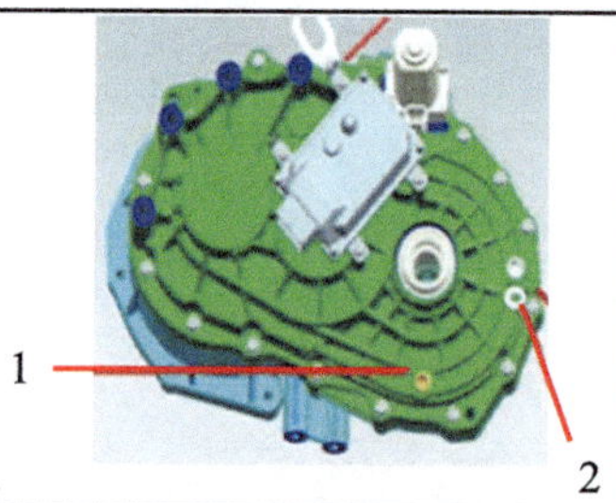	1—放油螺塞 2—油位螺塞
	润滑油型号	GL-475W-90 合成油
	加注油量	0.9～1.1L
	使用设备	手压式齿轮油加注器

（6）油位螺塞、进油螺塞涂抹少量密封胶，并按规定力矩拧紧：

	油位螺塞、进油螺塞涂抹少量密封胶	密封胶类型	平面密封硅橡胶
		密封胶颜色	灰
		密封胶容量	100ml 或 300ml
	按规定力矩拧紧	使用工具	扭矩扳手
		规格	8mm
		拧紧力矩	12～18N·m

（7）降下车辆，清扫场地：

	降下车辆，注意观察周围人员	操作步骤： 提升车辆少许； 将举升机保险解锁； 缓慢按压手动阀； 将举升臂放回原位
	按照5S管理制度清理场地	整理、整顿、清扫、清洁、素养

四、评估反馈

项目	评分标准	分值	得分
接受工作任务	明确工作任务，理解任务在车辆维护保养中的重要程度	5	
信息收集	清楚减速器油的作用及使用要求	5	
	知道减速器油型号数字和字母的含义	3	
	能描述出减速器油变质的原因	3	
制订计划	能制订减速器油更换的作业计划	10	
	能协同小组人员安排任务分工	5	
	能在实施前准备好所需要的工具器材	5	

续表

项目	评分标准	分值	得分
实施计划	进行操作前准备好需要使用的工具设备	4	
	举升车辆前务必关闭点火开关，举升机支点调整到位	5	
	正确检查减速器是否有漏油，使用工具拆卸油位螺塞	5	
	正确拆除减速器放油螺塞，使用专用设备收集废液	8	
	涂抹适量密封胶至放油螺塞的合适位置	8	
	使用规定力矩将放油螺塞拧入	5	
	正确操作齿轮油加注器，缓慢加注规定型号的齿轮油	8	
	规范涂抹密封胶，按照规定力矩拧入进油、油位螺塞	5	
	操作完成后，按照 5S 管理制度清理现场	2	
质量检查	学生任务完成，操作过程规范	10	
评价反馈	学生能对自身表现情况进行客观评价	2	
	学生在任务实施过程中发现自身问题	2	
得分（满分 100）			

请根据自己在课堂中的实际表现进行自我反思和自我评价。

自我反思：____

____

自我评价：____

____

学习任务过程评价表

班级：________ 姓名：________ 学号：________

项目	自我评价			小组评价			教师评价		
	9～10	6～8	1～5	9～10	6～8	1～5	9～10	6～8	1～5
	占总评 10%			占总评 30%			占总评 60%		
学习活动 1									
学习活动 2									

续表

项目	自我评价			小组评价			教师评价		
	9～10	6～8	1～5	9～10	6～8	1～5	9～10	6～8	1～5
	占总评 10%			占总评 30%			占总评 60%		
协作精神									
纪律观念									
表达能力									
工作态度									
安全意识									
任务总体表现									
小计									
总评									

任课教师：________ 年 月 日

学习任务 8

电控制动系统的基本检查与制动液的更换

任务目标

1. 能够对电控制动系统进行基本检查。
2. 通过学习能对制动液进行更换操作。

工作情境

今天，合作单位有一位电动汽车车主反映，车辆行驶过程中出现刹车距离变长和刹车无力等现象，需要我们来完成电控制动系统的检查和制动液的更换。

工作流程与活动

学习活动 1：电控制动系统的基本检查。

学习活动 2：制动液的更换。

学习活动 1

电控制动系统的基本检查

★ 知识目标

1. 了解电动汽车电控制动系统检查的相关工具及项目。
2. 会对电动汽车电控制动系统进行基本检查。

★ 活动准备

1. 工具：汽车常用工具、警示标识牌、维护保养三件套、线手套、车轮挡块、高压防护用具、扭矩扳手、游标卡尺、胎纹尺、胎压表等。

2. 检测设备：举升机、北汽 EC200 实训车辆等。

3. 其他材料：维修手册、任务工单、网络资料等。

活动过程

一、了解电控制动系统基本知识

行车制动装置的功用是使正在行驶中的汽车减速或在最短的距离内停车。而停车制动装置的功用是使已经停在各种路面上的汽车保持不动。

北汽新能源 EV200 的制动系统类型为电动真空助力液压制动系统。

制动器分为鼓式制动器、盘式制动器和驻车制动器，分别如图 8-1～图 8-3 所示。

图 8-1　鼓式制动器

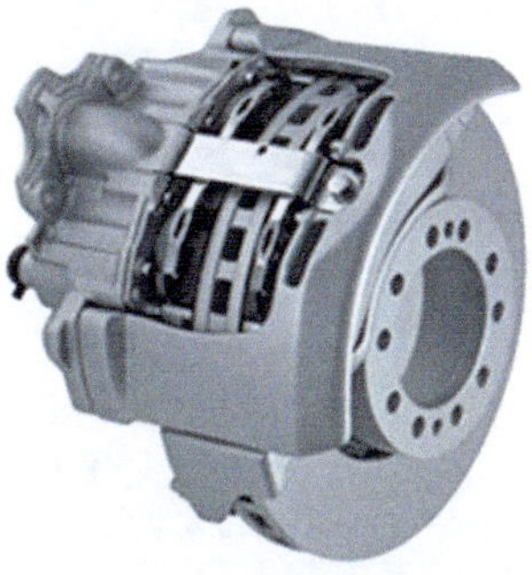

图 8-2　盘式制动器

图 8-3　驻车制动器

鼓式制动器的结构如图 8-4 所示。

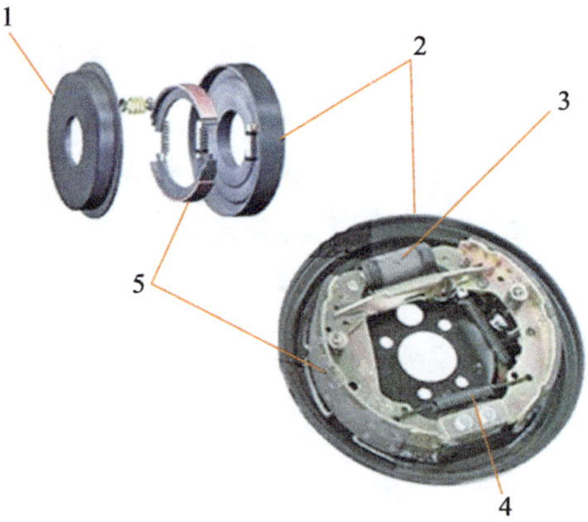

图 8-4　鼓式制动器的结构图

1—制动鼓　2—制动器底板　3—制动轮缸　4—制动蹄及摩擦片　5—回位弹簧

盘式制动器的结构如图 8-5 所示。

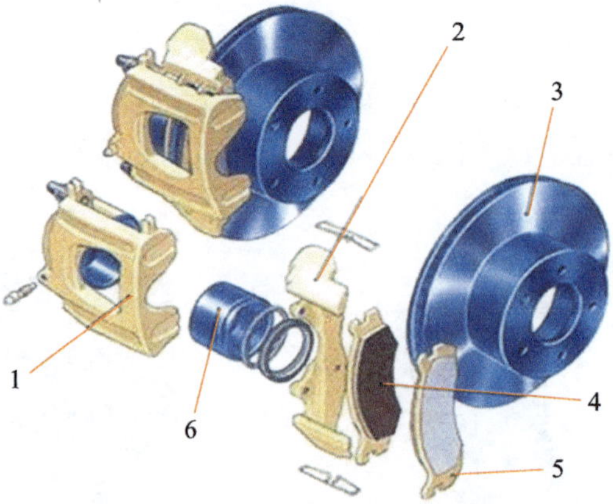

图 8-5　盘式制动器的结构图

1—制动钳　2—制动钳安装支架　3—制动盘　4—摩擦片　5—制动衬块　6—制动分泵活塞

驻车制动器的结构如图 8-6 所示。

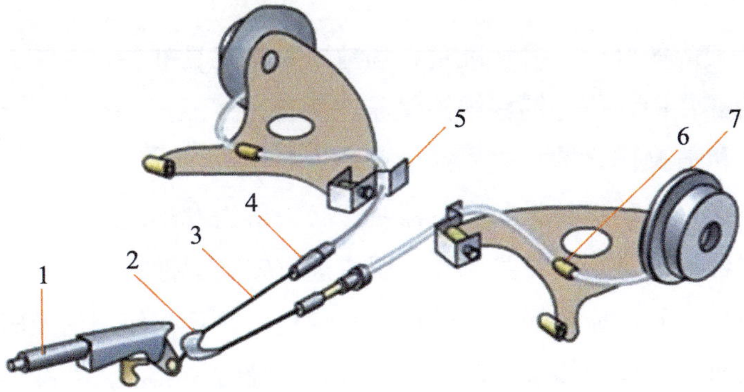

图 8-6 驻车制动器的结构图

1—驻车制动杆 2—平衡杠杆 3—拉索 4—拉索调整接头 5—拉索支架 6—拉索固定夹 7—后轮制动器

二、制订计划

根据车辆维护保养要求，制订如下制动系统基本检查的作业计划：

序号	作业项目	操作要点
1	维修作业前检查及车辆防护	高压安全及防护
2	检查制动液液位	识别制动液液位指示标志
3	检查制动系统管路	制动系统管路连接情况
4	检查轮胎状态	检查胎面、胎纹、胎压
5	检查前后制动器状态并更换制动摩擦片	测量并更换制动片
6	检查并调整驻车制动器	有效工作点的检查
7	检查制动踏板自由行程	调整踏板自由行程
8	检查真空泵和控制器功能	检查真空助力状况
计划审核	审核意见： 年 月 日 签字：	

作业注意事项：

（1）实训开始前应做好个人着装准备、场地准备和工具准备。

（2）进入车内操作前，应先铺好维护保养三件套。

（3）在进行前机舱操作之前，应先铺设翼子板防护垫。

（4）当多人作业，起动运转设备或机器时，必须事先发出起动操作信号，确认安全后方可起动，并且机器设备运行时，身体及衣服应远离转动部件。

（5）当使用万用表时，应选择正确的挡位和量程，并且在使用后及时关闭。

（6）当检查前机舱线束及插接件时，需要做好绝缘防护准备，并配有操作监护人。

三、实施计划

1. 维修作业前检查及车辆防护

（1）维修作业前现场环境检查：

	作业内容： 检查绝缘垫，设立隔离柱，布置警戒线，张贴警示牌 作业结果： 现场环境达标，隔离距离正常，警示标牌清晰

（2）维修作业前防护用具检查：

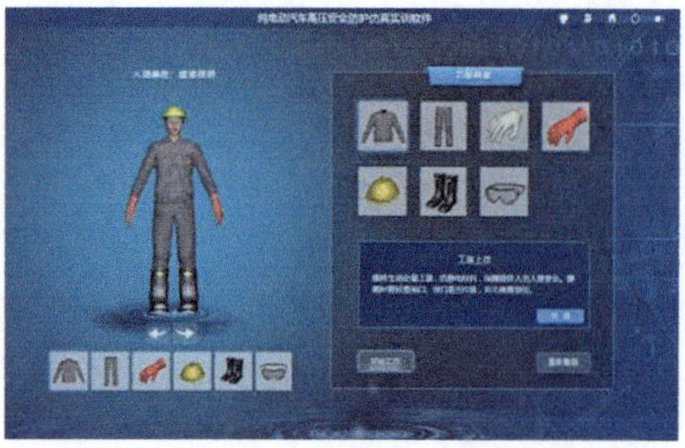	作业内容： 绝缘手套、绝缘鞋、护目镜、安全帽外观及性能检查 作业结果： 外观检查良好，绝缘手套及绝缘鞋技术参数合格

（3）维修作业前仪表工具检查：

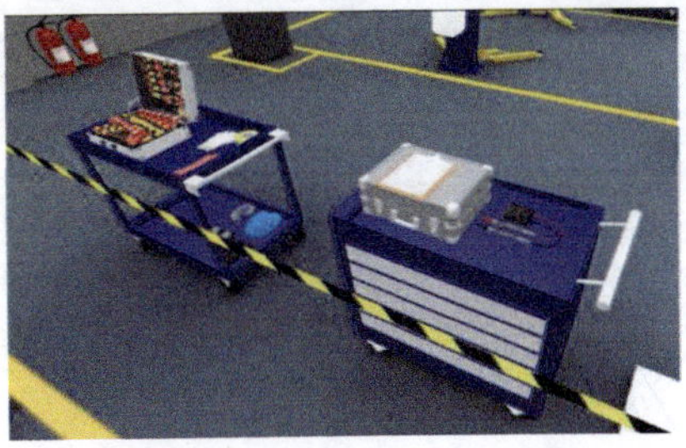	作业内容： 绝缘万用表、绝缘工具箱、放电工装、制动液检测笔外观及性能检查 作业结果： 外观检查良好，绝缘万用表及放电工装性能正常

（4）维修作业前实施车辆防护：

	作业内容： 铺设翼子板防护垫、汽车维修三件套、脚垫 作业结果： 车辆防护实施完毕，可以进行故障诊断、维修

2. 电控制动系统的基本检查

（1）检查制动液：

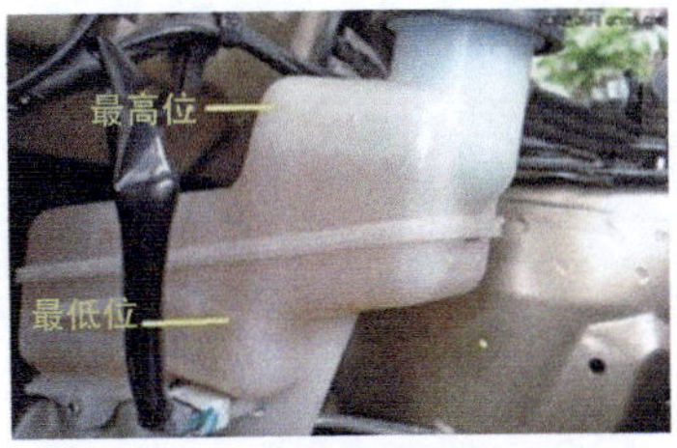	制动液液位	□高于 MAX 线 □低于 MIN 线 □位于 MAX 和 MIN 线之间
	是否正常	□正常 □缺少，需添加
	制动液液位与摩擦片磨损的关系是什么？	在行车时，由于制动片的磨损和自我调解，液位会略微降低
	若制动液液位低于 MIN 线，应当如何处理？	检查制动液是否泄漏或制动器衬块磨损过度，必要时进行维修

（2）检查制动系统管路：

检查制动软管接头：

	检查部位	是否有泄漏
	制动真空泵与软管连接处	□是 □否
	制动真空罐与软管连接处	□是 □否
	检查要点	在制动真空泵工作时检查连接软管有无漏气现象
	注意事项	1. 不能扭曲制动软管； 2. 在最大转向角度时，制动软管不得接触到汽车零件

检查制动装置是否有泄漏和损坏：

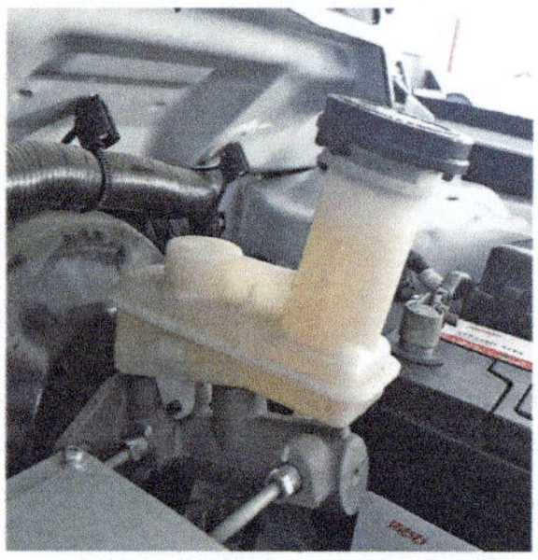 	需要检查的条件	如果液位已降至 MIN 之下，则必须在添加制动液之前检查是否有泄漏。
	检查部件	是否有泄漏或损坏。
	制动总泵	□是 □否
	真空助力器	□是 □否
	制动器	□是 □否
	制动液软管	□是 □否
	制动管路及其接口	□是 □否
	固定装置	□是 □否

（3）检查轮胎状态。

（4）检查前后制动器状态：

 盘式摩擦片厚度（前轮）	使用工具	扭力扳手、游标卡尺、套筒工具
	盘式摩擦片厚度	有效厚度：9.2mm
		极限厚度：2.0mm（不计背板）
		测量厚度：________（不计背板）
	是否需要更换	□是 □否

续表

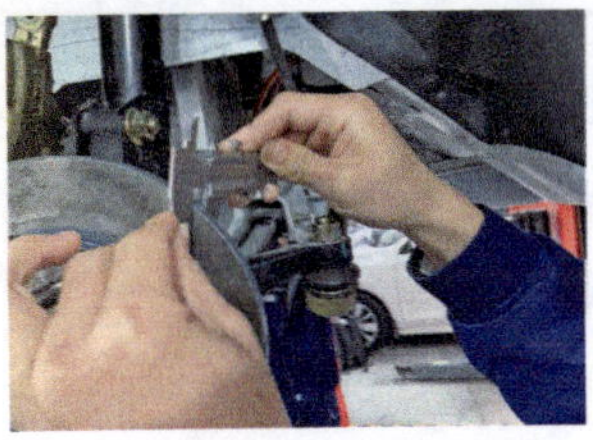 制动盘（前轮）	制动盘厚度	极限厚度：22mm（不计背板）
	制动盘更换频率	通常，更换____次制动片时，需要对刹车盘一同进行更换
	是否需要更换	□是 □否

(5) 检查并调整驻车制动器：

检查驻车制动器：

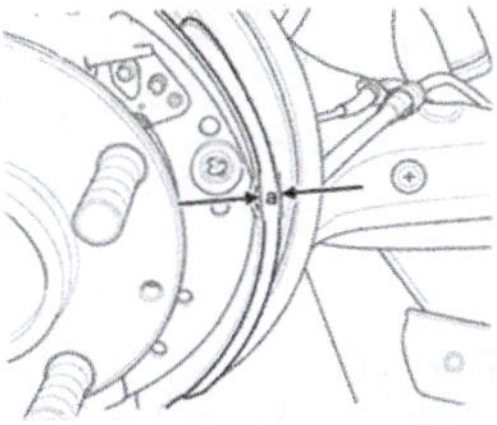 鼓式摩擦片厚度（后轮）	鼓式摩擦片厚度	有效厚度：4.0mm（不计背板）
		极限厚度：1.6mm（不计背板）
		测量厚度：________（不计背板）
	是否需要更换	□是 □否
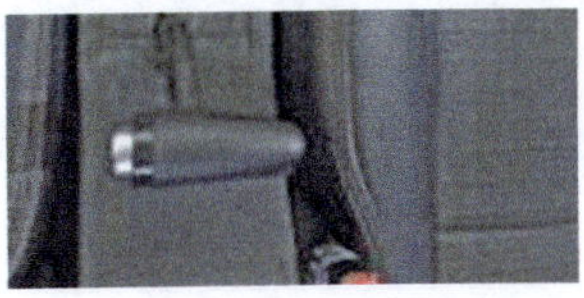	制动手柄的有效工作点 检查结果：	整个行程的__________个棘轮齿
		□正常 □需调整

调整驻车制动器：

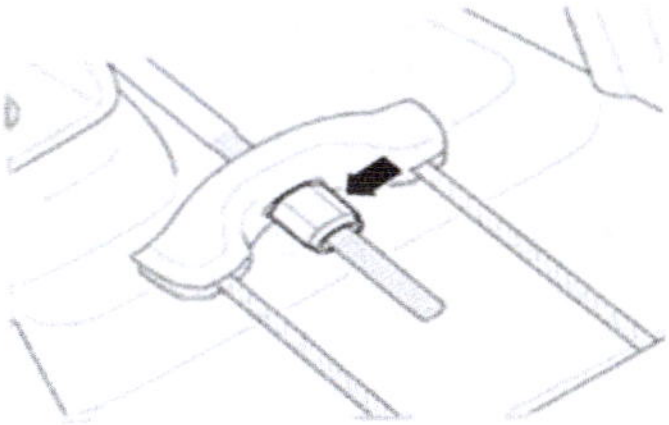 箭头所指为调整螺母	使用工具	一字螺丝刀、十字螺丝刀、翘板、开口扳手
	操作步骤	1. 拆卸副仪表板骨架； 2. 放下驻车制动器控制杆； 3. 松开调整螺母； 4. 踩制动踏板 6 次； 5. 调整驻车制动拉索； 6. 测试驻车制动器是否工作正常； 7. 安装驻车制动器盖板
	注意事项	1. 松开驻车制动后检查车轮是否活动自如； 2. 调整后的驻车制动器操纵杆不能超过全行程的 3/4

（6）检查制动踏板自由行程：

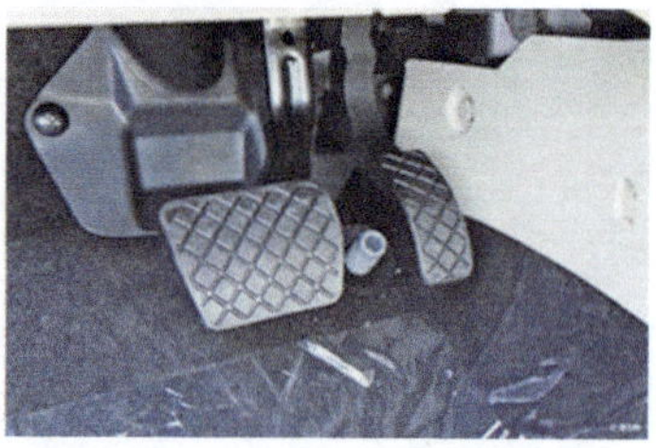	制动踏板标准自由行程	
	测量结果	□正常 □过大 □过小
	自由行程过大的影响	制动作用滞后，制动效能降低
	自由行程过小的影响	活塞皮碗可能堵住旁通孔，使制动作用不能彻底解除

（7）检查真空泵和控制器功能：

<table>
<tr><td rowspan="4">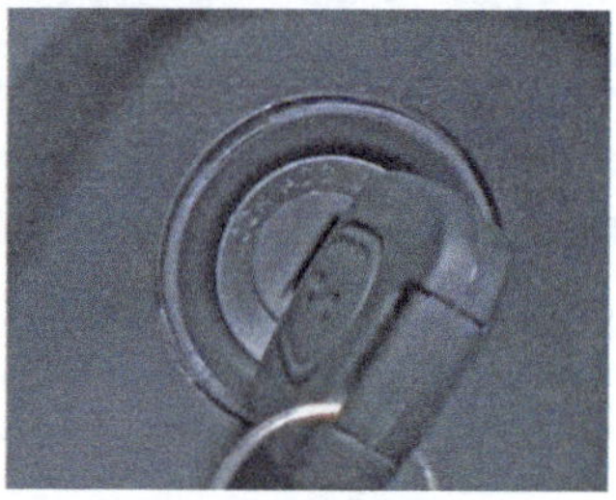</td><td rowspan="4">车辆静止状态下，完全踩下制动踏板，真空泵应正常启动</td><td>点火开关</td><td>□LOCK □ACC
□ON □START</td></tr>
<tr><td>仪表状态</td><td>制动故障灯亮，持续几秒后熄灭</td></tr>
<tr><td>踩踏制动踏板次数</td><td>3 次</td></tr>
<tr><td>真空度到达设定值时</td><td>电机应停止工作</td></tr>
<tr><td rowspan="4">

1—助力器 2—单向阀
3—制动真空管路</td><td rowspan="4">制动真空泵运转一定时间后，观察真空泵有无异响、异味及真空泵控制器插接件与连接线有无变形发热</td><td>运转时间</td><td>5 分钟</td></tr>
<tr><td>运转次数</td><td>________</td></tr>
<tr><td>真空泵</td><td>□正常
□异响
□异味</td></tr>
<tr><td>连接线</td><td>□正常
□变形
□发热</td></tr>
<tr><td colspan="4">故障判断：
1. 如果真空泵出现异响、异味，可能是由于真空泵内部严重磨损造成的；
2. 如果真空泵出现故障，可导致制动效果明显下降，甚至制动失灵</td></tr>
</table>

四、评估反馈

项目	评分标准	分值	得分
接受工作任务	明确工作任务，准确记录客户及车辆信息	5	
信息收集	掌握工作相关知识及操作要点	13	
制订计划	计划合理可行	10	
实施计划	操作前的场地、工具等准备工作	3	
	正确使用举升机安全规范举升车辆	5	
	检查制动液液位是否符合要求	3	
	检查制动系统管路及装置是否有泄漏和损坏	7	
	检查轮胎外观、胎压、胎纹是否正常	8	
	检查前后制动摩擦片厚度及制动盘	10	
	检查并调整驻车制动器	10	
	检查并调整制动踏板自由行程	8	
	检查制动真空泵、控制器功能	8	
质量检查	按照要求完成相应任务	5	
评价反馈	经验总结到位，评价合理	5	
得分（满分100）			

请根据自己在课堂中的实际表现进行自我反思和自我评价。

自我反思：____

____

自我评价：____

____

学习活动 2

制动液的更换

★ 知识目标

1. 能够正确选用维修工具。
2. 了解安全规章制度，树立安全生产意识。
3. 掌握制动液的更换方法及步骤。

★ 活动准备

1. 工具：汽车常用工具、警标识牌、维护保养三件套、实训工装、绝缘防护用具、线手套、绝缘工具箱、隔离柱、制动液加注及排气装置、制动液检测笔、扭矩扳手等。

2. 检测设备：北汽 EC200 实训车辆、举升机、绝缘垫等。

3. 其他材料：维修手册、维修工单、网络资料等。

活动过程

一、了解制动液相关知识

制动液是在汽车液压制动系统中的液体，是制动系统不可缺少的部分。

制动液的基本性能要求：

(1) 高温抗气阻性，制动液的沸点应在 205℃以上。

(2) 应有良好的运动黏度和润滑性。

(3) 有一定的溶水性，不能因为吸水产生分层和沉淀。

(4) 两种制动液混合时，应能充分混溶，不产生分层和沉淀。

(5) 不侵蚀金属和橡胶部件，化学性质为中性。

(6) 长期储存性能稳定。

制动液的选用原则：

(1) 产品类型应与车辆制造厂家规定的制动液产品类型相同。

（2）尽量选择正规厂家生产的、性能稳定、质量有保证的制动液产品。

（3）产品质量等级应等于或高于车辆制造厂家规定的制动液质量等级。

（4）不同类型和不同品牌的制动液严禁混合使用。

制动液由乙二醇和其他各种防腐蚀的添加液组成，乙二醇在长期使用中会吸收空气中的水分，它的沸点就会降低，导致制动液失效。

制动液检测笔的指示灯含义如下：

绿：自身电池完好，制动液完好，即制动液中不含水。

绿/黄：制动液中含水量低于1%，制动液性能好，可放心使用。

绿/黄/黄：制动液中含水量约2%，制动液可继续使用。

绿黄/黄/红：制动液中含水量约3%，建议更换制动液。

绿/黄/黄/红/红：制动液中含水量至少4%，需立刻更换制动液。

二、制订计划

根据车辆维护保养要求，制订如下更换制动液的作业计划：

序号	作业项目	操作要点
1	维修作业前检查及车辆防护	高压安全及防护
2	检查制动液含水量	目视检查
3	总泵制动液回收	制动液加注装置的使用
4	制动液的添加	制动液型号选择
5	轮缸制动液的回收	旧制动液排除
6	制动系统排放空气	制动系统排气操作
7	制动性能试验	车轮状态检查
计划审核	审核意见： 年　月　日　　　　签字：	

作业注意事项：

（1）实训开始前应做好个人着装准备、场地准备和工具准备。

（2）进入车内操作前，应先铺好维护保养三件套。

（3）在进行前机舱操作之前，应先铺设翼子板防护垫。

（4）当多人作业，起动运转设备或机器时，必须事先发出起动操作信号，确认安全后方可起动，并且机器设备运行时，身体及衣服应远离转动部件。

（5）当使用万用表时应选择正确的挡位和量程，并且在使用后及时关闭。

（6）当检查前机舱线束及插接件时需要做好绝缘防护准备，并配有操作监护人。

三、实施计划

1. 维修作业前检查及车辆防护

（1）维修作业前现场环境检查：

	作业内容： 检查绝缘垫，设立隔离柱，布置警戒线，张贴警示牌 作业结果： 现场环境达标，隔离距离正常，警示标牌清晰

（2）维修作业前防护用具检查：

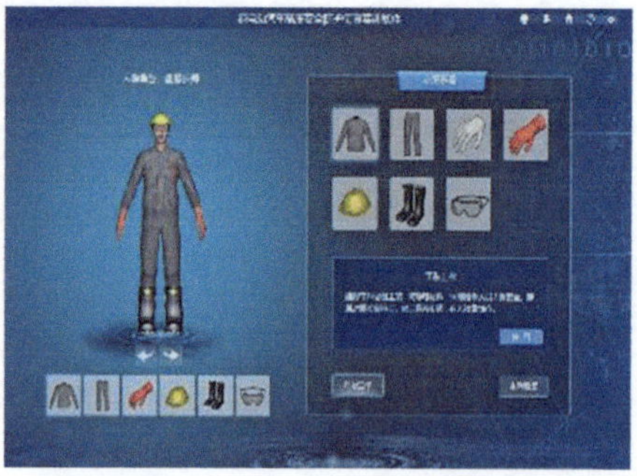	作业内容： 绝缘手套、绝缘鞋、护目镜、安全帽外观及性能检查 作业结果： 外观检查良好，绝缘手套及绝缘鞋技术参数合格

（3）维修作业前仪表工具检查：

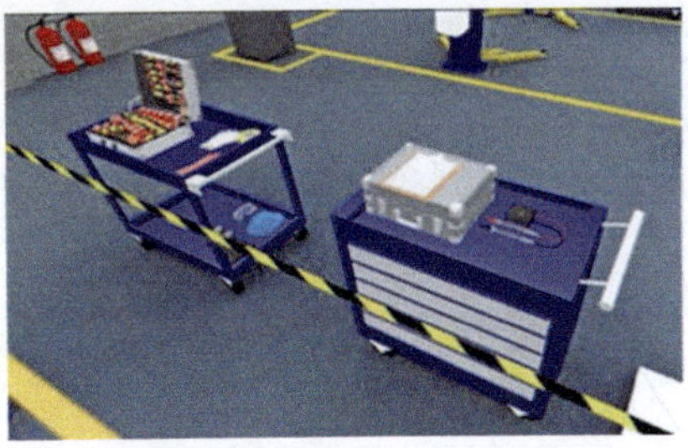	作业内容： 制动液检测笔、绝缘工具箱、放电工装外观及性能检查 作业结果： 外观检查良好，各仪表性能正常

（4）维修作业前实施车辆防护：

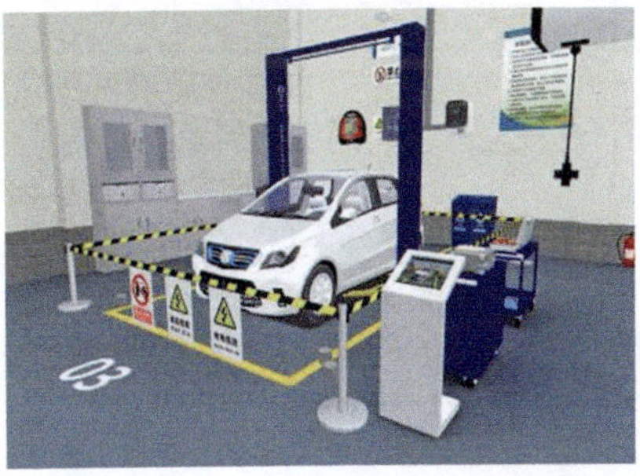	作业内容： 铺设汽车维护保养三件套、脚垫 作业结果： 车辆防护完成，可以进行故障诊断维修

2. 制动液的更换

（1）检查制动液含水量：

	使用工具	制动液检测笔
	检测原理	制动液检测笔是根据“电导率”的变化来测定制动液的水分变化。它通过发光二极管清晰地显示含水分的程度，含水分高会导致沸点降低，影响刹车性能
	制动液含水量检测结果	□绿（自身电池完好，即制动液中不含水） □绿/黄（制动液中含水量低于1%，制动液性能好，可放心使用） □绿/黄/黄（制动液中含水量约2%，制动液可继续使用） □绿/黄/黄/红（制动液中含水量约3%，建议更换制动液） □绿/黄/黄/红/红（制动液中含水量至少4%，需立刻更换制动液）
	注意事项	每次测试完，要用干燥的布或者纸把测试点的液体擦拭干净

（2）总泵制动液的回收：

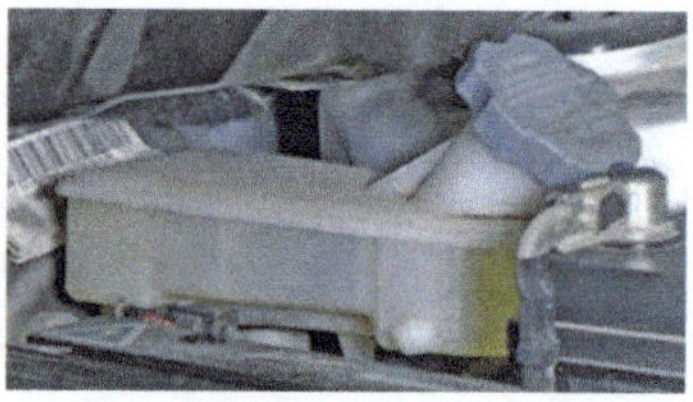	从制动液储液罐上拧下密封盖，拆下过滤网	注意事项	先拔掉制动液液位传感器
	从制动液储液罐中抽吸尽可能多的制动液	设备	制动液加注及排气装置
		注意事项	1. 如有制动液滴落或沾到手上要及时清洁； 2. 不得再次使用吸出的制动液
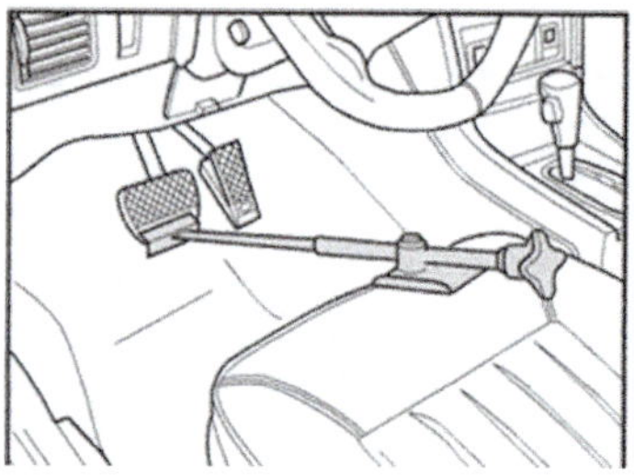	将制动踏板加载装置放到驾驶员座椅和制动踏板之间，并预紧		

（3）制动液的添加：

	制动液型号	DOT4
	制动液特性	有毒性、腐蚀性、吸湿性
	是否可混合使用	不可以，原因：防止非匹配的制动液对管路中的密封组件造成腐蚀

(4) 轮缸制动液的回收：

<table>
<tr><td></td><td>举升车辆</td><td colspan="2">注意事项</td><td colspan="2">根据举升机操作规范举升车辆，预松轮胎螺栓</td></tr>
<tr><td rowspan="3"></td><td rowspan="3">使用专用套筒工具及风动扳手拆卸车辆左右后轮胎</td><td colspan="2">选用工具</td><td colspan="2">风动扳手套筒工具</td></tr>
<tr><td colspan="2">每个轮胎固定螺母数</td><td colspan="2">4个</td></tr>
<tr><td colspan="2">固定螺栓套筒规格</td><td colspan="2">21mm</td></tr>
<tr><td rowspan="3">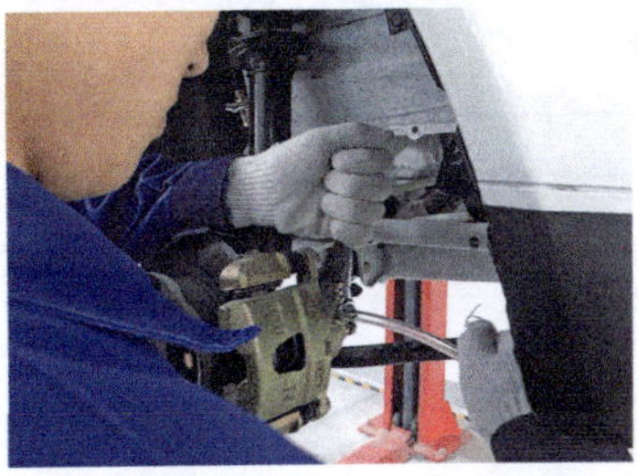</td><td rowspan="2">排除管路中的旧制动液</td><td>工具</td><td>梅花扳手、废液收集瓶</td><td>油管扳手规格</td><td>8mm</td></tr>
<tr><td>操作步骤</td><td colspan="3">1. 取下排气螺栓帽；
2. 将油管扳手套入排气螺栓；
3. 连接制动液收集瓶排气管；
4. 拧松排气螺栓；
5. 放出旧制动液；
6. 拧紧排气螺栓</td></tr>
<tr><td>注意事项</td><td colspan="4">操作前后都要清洁轮排气螺栓周围</td></tr>
<tr><td rowspan="3">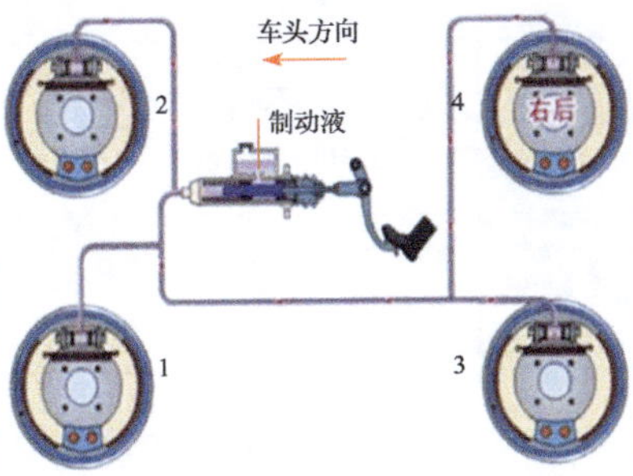</td><td rowspan="2">重复上述步骤回收其他轮缸制动液</td><td colspan="2">轮缸制动液回收顺序</td><td colspan="2">左前→右前→左后→右后</td></tr>
<tr><td colspan="2">每缸的制动液排放量</td><td colspan="2">左前：0.25L
右前：0.25L
左后：0.25L
右后：0.25L</td></tr>
<tr><td>注意事项</td><td colspan="4">抽出轮缸旧制动液时，应及时观察制动液储液罐中的制动液是否充足，避免空气进入制动系统</td></tr>
</table>

(5) 制动系统排放空气（注：此步骤为人工排气时两人配合的操作方法，当采用专用加注设备时不需要此步骤）：

	点火开关位置	ON
	工具材料	梅花扳手、废油收集器、扭力扳手、抹布
	排气螺栓力矩	10N·m
	轮缸排气顺序	左前→右前→左后→右后
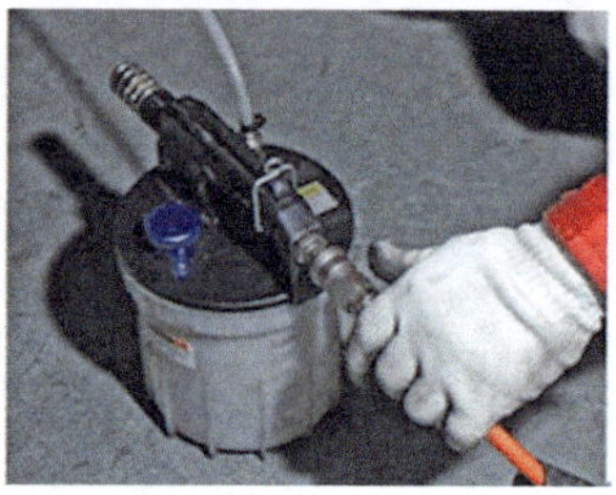	车内外人员操作	车内人员踩制动踏板数次，然后踩住制动踏板。车外人员旋松排气螺栓，然后观察制动液的流出情况。车外人员拧紧排气螺栓。车内人员抬起制动踏板，按此操作数次，直到流出的制动液中无气泡。车外人员取下制动液收集器和梅花扳手（清洁）。 用扭力扳手紧固排气螺栓，盖上排气螺栓帽。检查制动储液罐的液位，必要时添加
	注意事项	1. 在两人操作过程中，相互指令要简介明确，避免操作失误。 2. 补充制动液时，液量不得超过上限（MAX）刻线。制动液不能与其他类型混用。 3. 在进行排气作业后，应注意拧紧储液罐盖，尽量缩短制动液接触空气的时间，以防制动液接触空气，吸收空气中的水分，降低制动液性能

（6）制动性能试验：

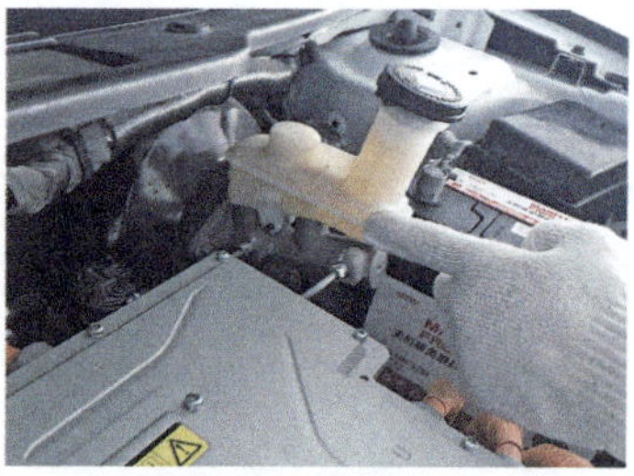	确认各制动管路无泄漏	□正常 □泄漏	
	安装车轮，并旋入固定螺栓	□正常	
	踩住制动踏板并保持制动位置	车轮	□均固定不转动 □有的能够转动
	转动前后车轮	检查结果	□正常 □异常
		注意事项	如在检查过程中制动踏板发软，则表明制动系统内的空气没有完全排净，需要重新进行排气作业

续表

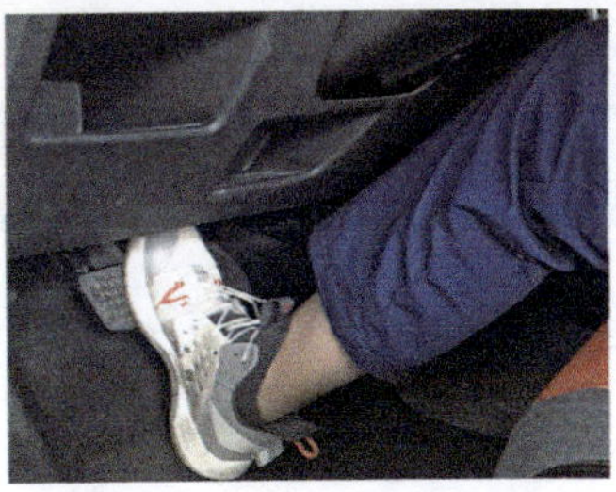	放松制动踏板，转动前后车轮	车轮状态	□有的固定不转动 □均能转动自如
		检查结果	□正常　□异常
	将车轮固定螺栓按照规定力矩拧紧	选用工具	扭力扳手、套筒
		固定螺栓力矩	110±10N·m

（7）制动性能路试：

	路面选择	□平坦干燥 □崎岖潮湿 □水泥路面 □柏油路
	路面长度	□<150m □≥150m
	低速时制动效果	□正常 □制动跑偏 □有故障显现
	车速 50km/h 时制动距离	□<19m □≥19m
	制动过程中方向盘操纵	□轻便灵活 □沉重
	车辆有偏刹现象	□否 □是，不可继续路试
	注意事项	试车中应遵守交通规则，并避免在交通繁忙时进行

四、评估反馈

项目	评分标准	分值	得分
接受工作任务	明确工作任务，准确记录客户及车辆信息	5	
信息收集	掌握工作相关知识及操作要点	15	
制订计划	计划合理可行	10	
实施计划	操作前做好场地、设备、工具的准备工作	3	
	使用制动液加注及排气装置回收总泵制动液	5	
	给制动液储液罐加注符合规定的制动液	10	
	根据举升机操作规范举升车辆	5	
	使用专用套筒工具及风动扳手拆卸车辆两后轮	3	
	选用合适的工具松开或拧紧排气螺栓	10	
	排除制动管路中的旧制动液并及时给储液罐添加新制动液	3	
	两人配合完成制动系统排放空气操作	5	
	更换制动液后，两人配合检查制动系统的制动效果	6	
	能在操作结束后整理、清洁场地	10	
质量检查	按照要求完成相应任务	5	
评价反馈	经验总结到位，评价合理	5	
得分（满分 100）			

请根据自己在课堂中的实际表现进行自我反思和自我评价。

自我反思：____

____

自我评价：____

____

学习任务过程评价表

班级：________　　　　　　　　　　　　姓名：________　　　　　　　　　　　　学号：________

项目	自我评价			小组评价			教师评价		
	9～10	6～8	1～5	9～10	6～8	1～5	9～10	6～8	1～5
	占总评 10%			占总评 30%			占总评 60%		
学习活动 1									
学习活动 2									
协作精神									
纪律观念									
表达能力									
工作态度									
安全意识									
任务总体表现									
小计									
总评									

任课教师：________　　　年　月　日

学习任务 9

电动助力转向系统维护保养

任务目标

1. 认识电动助力转向系统结构。
2. 会对电动助力转向系统进行基本检查。

工作情境

客户王先生是北汽新能源 EV 系列轿车车主，据客户反映，近期行车过程中转向盘转向偏重，希望能够重点对车辆转向系统进行检查。

工作流程与活动

学习活动 1：电动助力转向系统认知。

学习活动 2：电动助力转向系统的基本检查。

学习活动1

电动助力转向系统认知

★ 知识目标

1. 掌握电动助力转向系统结构。
2. 了解转向系统控制策略。
3. 能做好电动助力转向系统故障排除。

★ 活动准备

1. 工具：汽车常用工具、螺丝刀、钳子、扳手等。
2. 检测设备：举升机。
3. 其他材料：网络资料等。

活动过程

一、了解电动助力转向系统

汽车转向系统一般由方向盘、转向轴、转向器、横拉杆、转向节、转向节臂、转向轮等构成（如图 9－1 所示），因转向系的类型不同，其结构组成又有所差异。

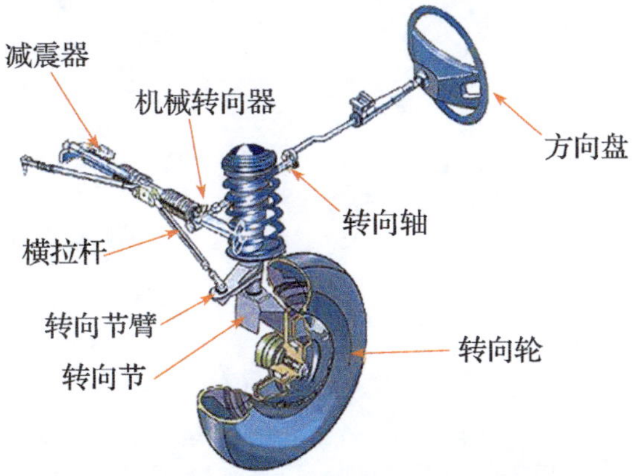

图 9－1　汽车转向系统结构图

电动助力转向系统简称 EPS，由方向盘、转向助力电动机、转向器、转向横拉杆等机械装置和转向扭矩传感器、转向电子控制单元（ECU）、车轮轮速传感器等电子元件组成。电子控制单元根据各传感器输出计算所需的转向助力，并通过功率放大模块控制助力电机的转动，电机输出经过减速机构减速增矩后驱动齿轮齿条机构产生相应的转向助力。

EPS 类型	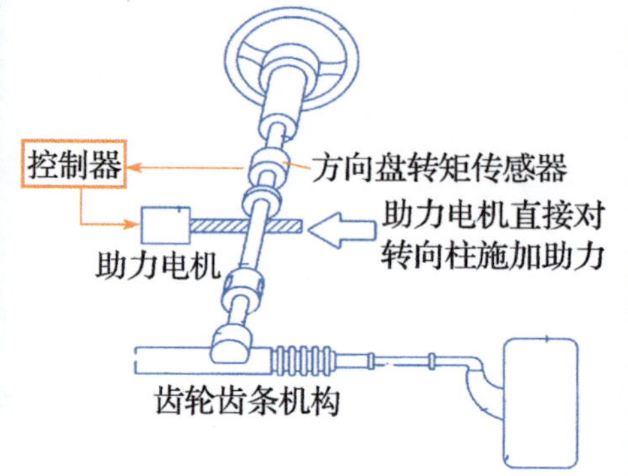	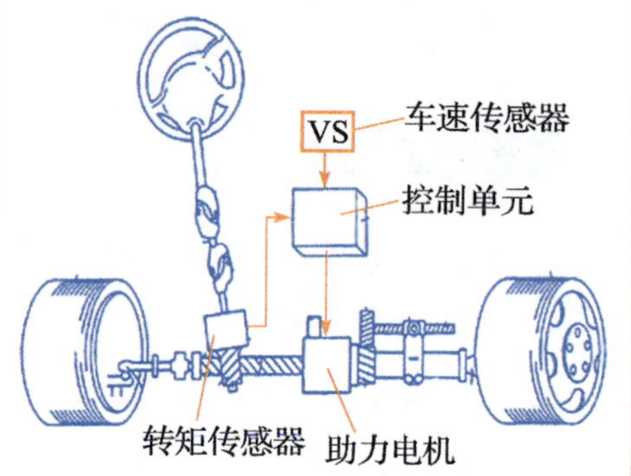
施力对象	对转向柱施加助力	对转向横拉杆施加助力
结构特点	结构复杂	结构紧凑，便于布置

二、电动助力转向系统认知练习

将学生分组，以小组为单位，参照图 9－2 并结合实物认识北汽新能源系列电动汽车的 EPS 结构。

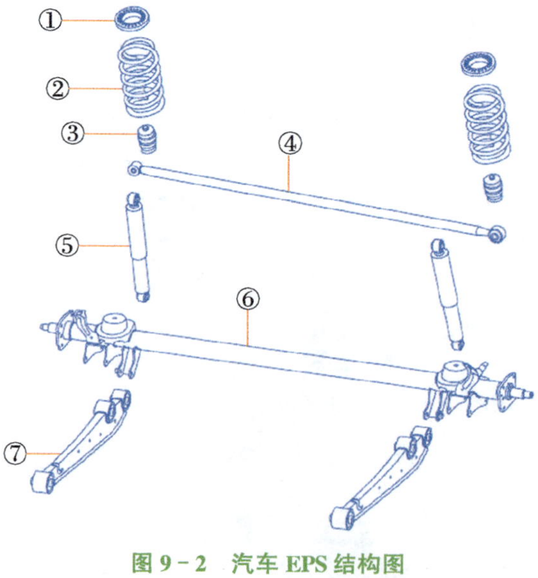

图 9－2　汽车 EPS 结构图

1—方向盘总成　2—EPS 助力转向控制器　3—转向管柱总成　4—电动助力转向电机　5—转向中间轴　6—转向横拉杆　7—机械转向机总成

学习活动 2

电动助力转向系统的基本检查

★ 知识目标

1. 掌握电动助力转向系统常用检查方法。
2. 能对转向系统进行基本的检查。

★ 活动准备

1. 工具：汽车常用工具、螺丝刀、钳子、扳手等。
2. 检测设备：举升机。
3. 其他材料：网络资料等。

活动过程

一、了解电动助力转向系统常用检查方法

电动助力转向系统常用的检查方法是：

(1) 在道路试车过程中，通过原地转向、低速行驶中转向，检测转向时方向是否沉重、助力效果等。

(2) 将方向盘分别向左、向右打至极限位置，检测是否有方向盘抖动、转向机异响等故障。

二、制订计划

制订如下检查计划：

序号	作业项目	操作要点
1	维修作业前检查及车辆防护	高压安全及防护

续表

序号	作业项目	操作要点
2	检查方向盘	测量方向盘自由行程，检查方向盘松旷情况、锁止情况、自动回位情况
3	检查转向助力功能	路试感受车辆助力功能状态
4	检查转向横拉杆球头的间隙、紧固程度及防尘套状态	识别转向横拉杆球头及其状态
5	EPS 故障处理	连接诊断仪，读取故障码和相应数据流，根据诊断流程进行处理
计划审核	审核意见： 年　月　日　　　签字：	

三、实施计划

1. 维修作业前检查及车辆防护

（1）维修作业前现场环境检查：

	作业内容： 检查绝缘垫，设立隔离柱，布置警戒线，张贴警示牌 作业结果： 现场环境达标，隔离距离正常，警示标牌清晰

（2）维修作业前防护用具检查：

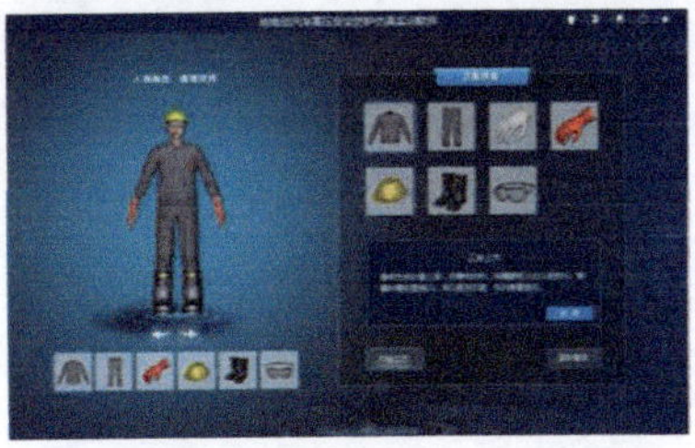	作业内容： 绝缘手套、绝缘鞋、护目镜、安全帽外观及性能检查 作业结果： 外观检查良好，绝缘手套及绝缘鞋技术参数合格

（3）维修作业前仪表工具检查：

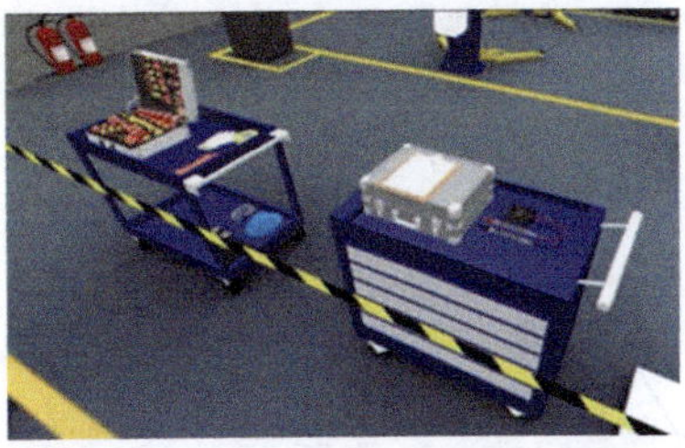	作业内容： 扭力扳手、尺子外观及性能检查 作业结果： 外观检查良好，绝缘万用表及放电工装性能正常

（4）维修作业前实施车辆防护：

	作业内容： 铺设汽车维护保养三件套、脚垫 作业结果： 车辆防护实施完毕，可以进行故障诊断、维修

2. 转向系统基本检查

（1）检查方向盘：

方向盘自由行程检查：

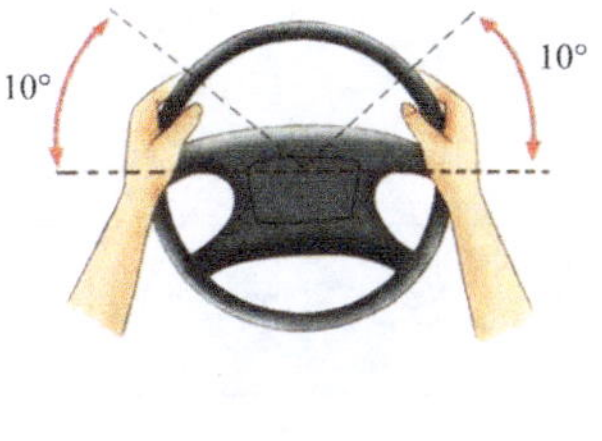	操作	将车辆停放在平坦、坚实的路面上，保持前轮处于直行状态，转动方向盘
	方向盘的自由行程	10°～15°
	影响因素	转向操纵机构、方向盘、转向传动机构、转向主销与转向主销衬套间隙及轮毂轴承间隙等

方向盘松旷情况检查：

	方向盘松旷时，应调整部件	上下方向	□正常 □松旷
		前后方向	□正常 □松旷
		左右方向	□正常 □松旷
		轴向方向	□正常 □松脱
		首先调整齿条导块，其次检查转向机构的安装是否松旷，若是则对其进行紧固	
	调整后的重点检查部位	转向柱装配螺栓及螺母、方向盘螺栓及螺母、转向万向节螺栓，横拉杆球头、球笼接头移动是否顺畅，接头有无损坏	

方向盘锁止情况检查：

	检查方向盘锁止状态	点火开关位置	□LOCK □ACC □ON □START
		方向盘状态	锁死不转动
	检查方向盘解锁状态	点火开关位置	□LOCK □ACC □ON □START
		方向盘状态	自由转动

方向盘自动回位情况检查：

	方向盘左右两侧回正力	□左侧>右侧 □左侧<右侧 □左侧=右侧	
	方向盘自动回位情况	车速	
		方向盘角度	90°
		保持时间	1～2s
		方向盘回位	□70°以上 □70°以下
	将方向盘分别打至左、右极限位置	点火开关位置	□LOCK □ACC □ON □START
		右极限	□正常 □方向盘抖动 □转向机异响
		左极限	□正常 □方向盘抖动 □转向机异响

（2）检查转向横拉杆球头的间隙、紧固程度及防尘套状态：

	举升车辆（车轮悬空），检查转向横拉杆球头的间隙	操作方法	摆动车轮和转向横拉杆
		检查结果	□正常 □异常
	检查转向横拉杆球头的固定螺母是否牢固	选用工具	扭力扳手
		标准扭矩	50N·m
		检查结果	□牢固 □不牢固
		注意事项	各螺纹部位不应有损坏，若与螺塞配合不良，应更换

续表

	检查转向横拉杆防尘套有无损坏和安装位置是否正确	防尘套状态	□正常 □损坏 □位置正确 □位置错误
	检查主保险丝和线路保险丝	检查结果	□完好 □断开
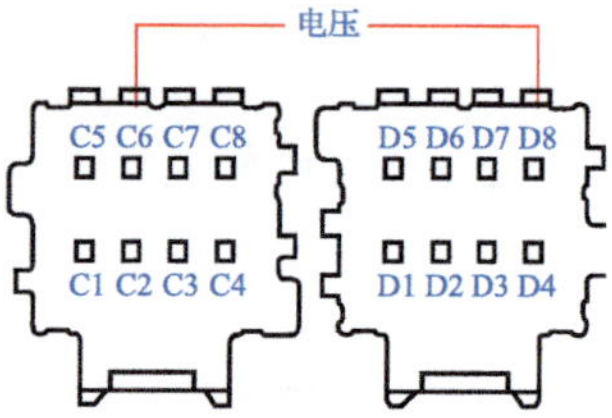	检查终端“D8”和控制盒体接地之间的电压	点火开关位置	□LOCK □ACC □ON □START
		电压值	12V
		整车信号线断开或短路	□是 □否
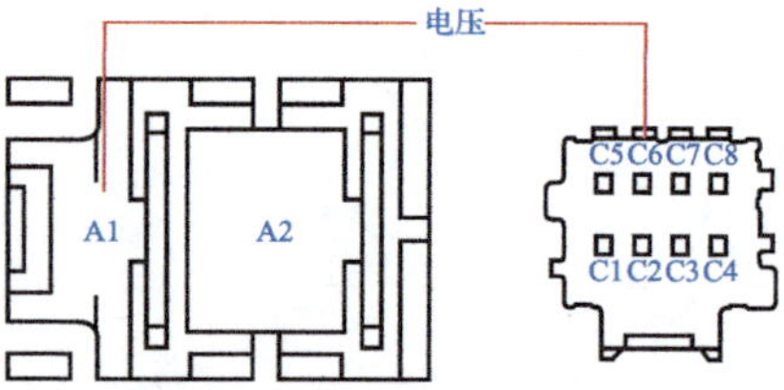	检查终端“A1”和控制盒体接地之间的电压	电压值	12V
		整车电源线断开或短路	□是 □否
	整车无助力可否行驶	检查结果	□是 □否
		CAN 通信是否正常	□是 □否

续表

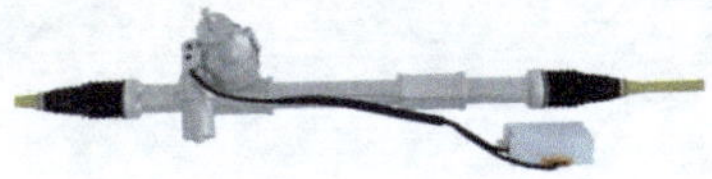	检查插头与 EPS 控制盒之间连接是否牢靠	检查结果	□是 □否

四、评估反馈

项目	评分标准	分值	得分
接受工作任务	明确工作任务，准确记录客户及车辆信息	5	
信息收集	掌握工作相关知识及操作要点	15	
制订计划	计划合理可行	10	
计划实施	操作前做好场地、设备、工具的准备工作	3	
	能够检查并正确判断方向盘自由行程是否标准	10	
	能够检查方向盘是否有松旷现象	5	
	能够检查方向盘的锁止装置是否正常	8	
	能够检查方向盘自动回位情况	8	
	根据举升机操作规范举升车辆	3	
	能够检查转向横拉杆球头的间隙、紧固程度及防尘套状态	10	
	能够检查转向助力功能	10	
	能在操作结束后整理、清洁场地	3	
质量检查	按照要求完成相应任务	5	
评价反馈	经验总结到位，评价合理	5	
得分（满分 100）			

请根据自己在课堂中的实际表现进行自我反思和自我评价。

自我反思：______________________________

____

自我评价：______________________________

____

学习任务过程评价表

班级：________ 姓名：________ 学号：________

项目	自我评价			小组评价			教师评价		
	9～10	6～8	1～5	9～10	6～8	1～5	9～10	6～8	1～5
	占总评 10%			占总评 30%			占总评 60%		
学习活动 1									
学习活动 2									
协作精神									
纪律观念									
表达能力									
工作态度									
安全意识									
任务总体表现									
小计									
总评									

任课教师：________ 年 月 日

学习任务 10

车身电器维护保养

任务目标

1. 掌握车身电器的基本维护保养方法。

2. 掌握企业安全规章制度，树立安全生产意识。

工作情境

客户王先生今日来店做维护保养。王先生反映近期夜间行车较多，且进入夏季后风窗刮水器、天窗等车辆电器使用较多，需要重点对其进行检查。维修技师刘强将此项任务交给了实习生王磊，王磊对这辆纯电动汽车车身电器的外观及功能进行了检查。

工作流程与活动

学习活动 1：车身电器维护保养认知。

学习活动 2：风窗玻璃清洗系统的维护保养。

学习活动 1

车身电器维护保养认知

★ 知识目标

1. 能识别仪表盘上各个指示灯，并说明其含义。
2. 能熟练配合搭档检查车外各灯光状态，并调节大灯光束。
3. 能检查电动天窗并清洁、润滑滑动导轨。
4. 能检查安全气囊和安全带并正确判断是否需要维修。
5. 能检查机舱线束及接插件状态，确定其是否需要更换或修复。
6. 能检查低压蓄电池固定情况和工作状态，并测量其静态放电电流。
7. 能与他人合作，做好企业走访。

★ 活动准备

1. 工具：绝缘工具箱、万用表、高压防护用具等。
2. 检测设备：举升机、废气分析仪、解码器、电池举升机等。
3. 其他材料：国家标准《汽车维修业开业条件》、网络资料等。

活动过程

一、了解电动汽车车身电器的维护保养相关知识

低压蓄电池主要由端子、上盖、池槽、隔板、极板、电槽、电解液等构成，如图 10－1 所示。

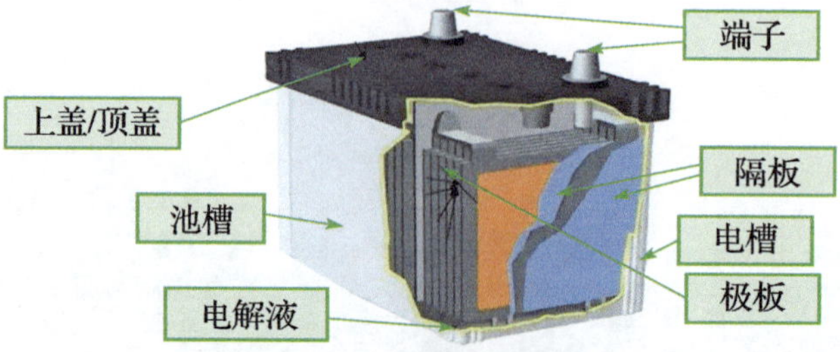

图 10－1　低压蓄电池结构

北汽新能源 EC200 仪表各个指示灯含义，如图 10－2 所示。

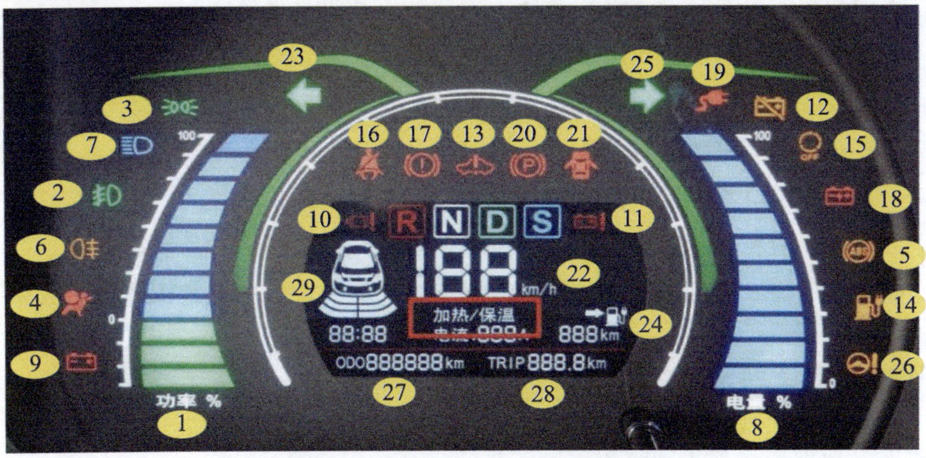

图 10－2　北汽 EC200 汽车仪表盘

1—驱动电机功率表　2—前雾灯　3—示廓灯　4—安全气囊指示灯　5—ABS 指示灯　6—后雾灯
7—远光灯　8—电量指示灯　9—蓄电池故障指示灯　10—电机及控制器过热指示灯
11—动力电池故障指示灯　12—动力电池断开指示灯　13—系统故障灯　14—充电提醒灯
15—EPS 故障指示灯　16—安全带未系指示灯　17—制动故障指示灯　18—绝缘故障指示灯
19—充电线连接指示灯　20—手刹指示灯　21—门开指示灯　22—车速表　23/25—左/右转向指示灯
24—续航里程指示灯　26—助力转向指示灯　27—总里程数提示　28—小计里程数提示　29—障碍物距离指示灯

二、制订计划

根据车辆维护保养要求，制订如下针对车身电器基本检查的作业计划：

序号	作业项目	操作要点
1	维修作业前检查及车辆防护	高压安全及防护
2	检查仪表指示灯	识别故障指示灯
3	检查仪表背光灯、收音机、阅读灯和车外灯光	灯光检查手势的使用
4	检查车身附件	车身附件的使用操作
5	检查机舱线束及接插件	机舱线束的识别
6	检查低压蓄电池状态并检测放电电流	万用表的使用
计划审核	审核意见： 年　月　日　　　　签字：	

作业注意事项：

（1）实训开始前应做好个人着装准备、场地准备和工具准备。

（2）进入车内操作前，应先铺好维护保养三件套。

（3）在进行前机舱操作之前，应先铺设翼子板防护垫。

（4）当多人作业，起动运转设备或机器时，必须事先发出起动操作信号，确认安全后方可起动，并且机器设备运行时，身体及衣服应远离转动部件。

（5）当使用万用表时应选择正确的挡位和量程，并且在使用过后及时关闭。

（6）检查前机舱线束及插接件时需要做好绝缘防护准备，并配有操作监护人。

三、实施计划

1. 维修作业前检查及车辆防护

（1）维修作业前现场环境检查：

	作业内容： 检查绝缘垫，设立隔离柱，布置警戒线，张贴警示牌 作业结果： 现场环境达标，隔离距离正常，警示标牌清晰

（2）维修作业前防护用具检查：

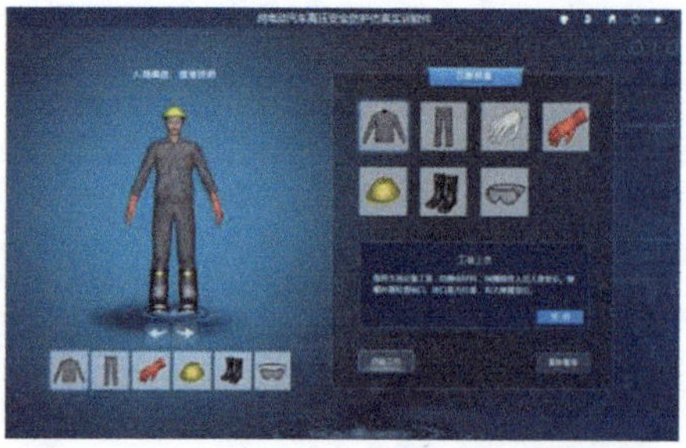	作业内容： 绝缘手套、绝缘鞋、护目镜、安全帽外观及性能检查 作业结果： 外观检查良好，绝缘手套及绝缘鞋技术参数合格

（3）维修作业前仪表工具检查：

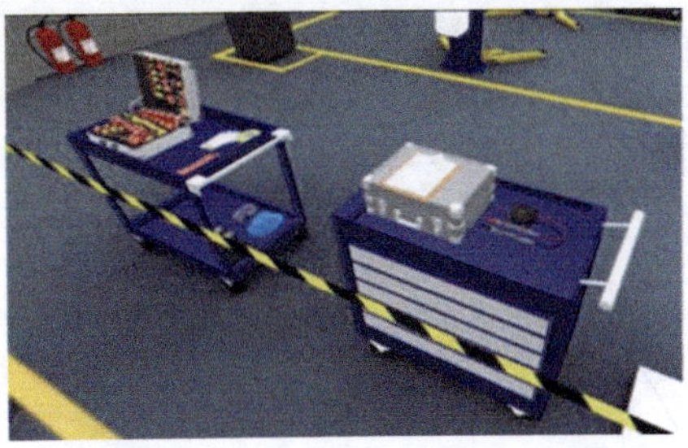	作业内容： 绝缘万用表、绝缘工具箱外观及性能检查 作业结果： 外观检查良好，绝缘万用表及放电工装性能正常

（4）维修作业前实施车辆防护：

	作业内容： 铺设汽车维护保养三件套、脚垫 作业结果： 车辆防护实施完毕，可以进行故障诊断、维修

2. 车身电器基本检查

（1）检查仪表指示灯：

	目测仪表显示内容	□ 正常 □ 异常

选出车上亮起的指示灯并说明其含义			
 □ ABS 指示灯	 □ 跛行指示灯	 □ 蓄电池故障指示灯	 □ 电机及控制器过热指示灯

续表

 □动力电池故障指示灯	 □动力电池断开指示灯	 □系统故障灯	 □充电提醒灯
 □EPS 故障指示灯	 □制动故障指示灯	 □充电线连接指示灯	 □REMOTE 指示灯
 □防盗指示灯	 □手刹指示灯	 □上电正常指示灯	 □门开指示灯

（2）检查仪表背光灯、收音机、阅读灯和车外灯光：

手势	检查项目	状态
——	仪表背光灯	□正常 □异常
——	收音机	□正常 □异常
——	阅读灯	□正常 □异常
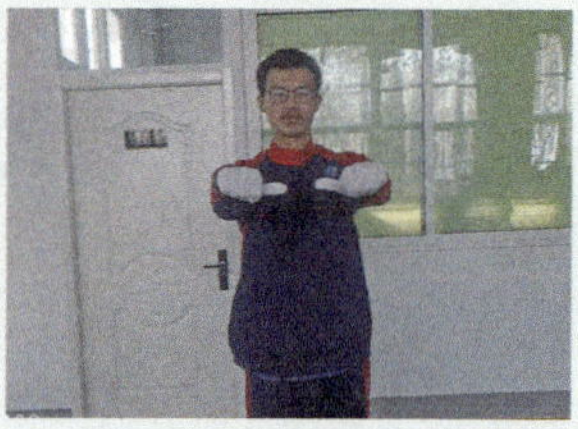	小灯（示廓灯）	□正常 □异常
 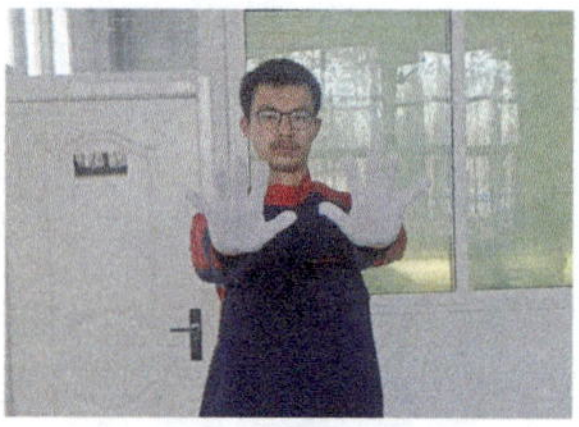	前大灯（近光灯）	□正常 □异常

续表

手势	检查项目	状态
 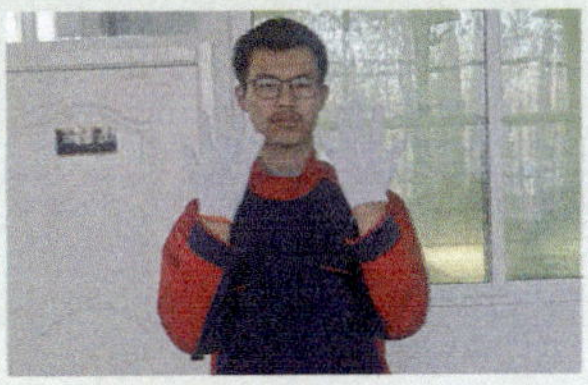	前大灯（远光灯）	□ 正常 □ 异常
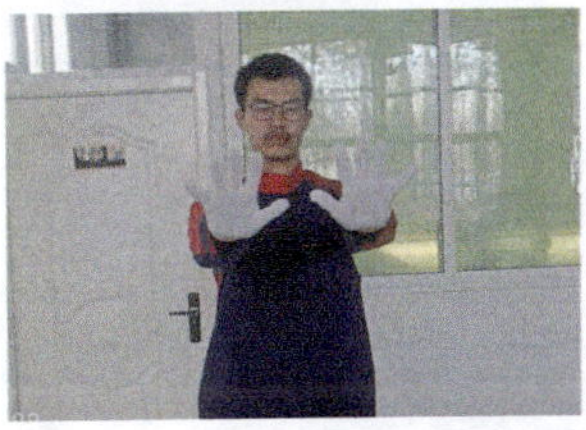 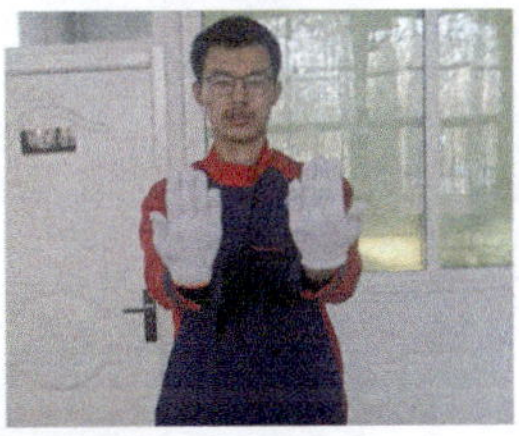	近光-远光变换	□ 正常 □ 异常
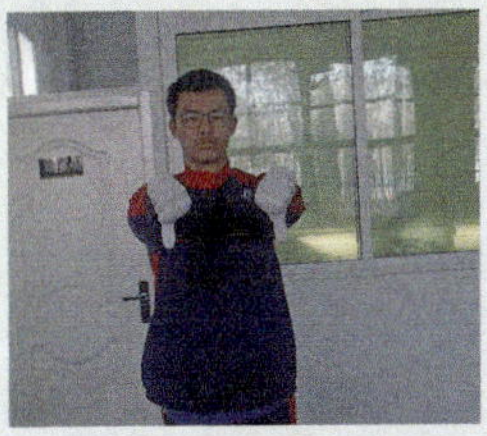	雾灯（前后）	□ 正常 □ 异常
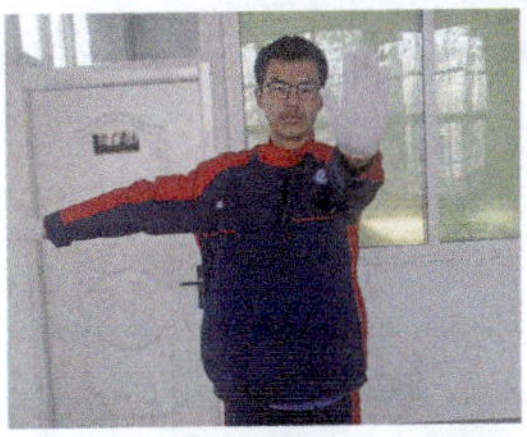 	转向灯（左右/前后）	□ 正常 □ 异常
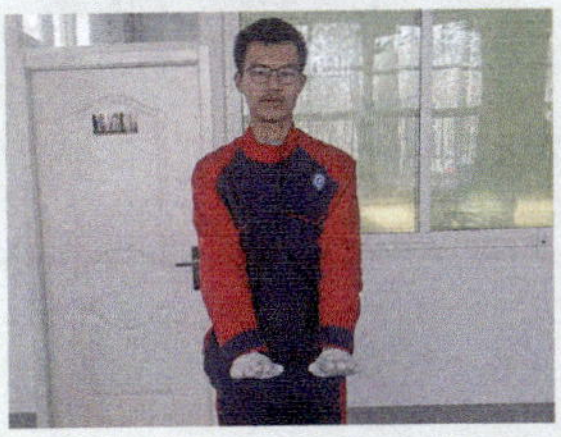 	刹车灯	□ 正常 □ 异常
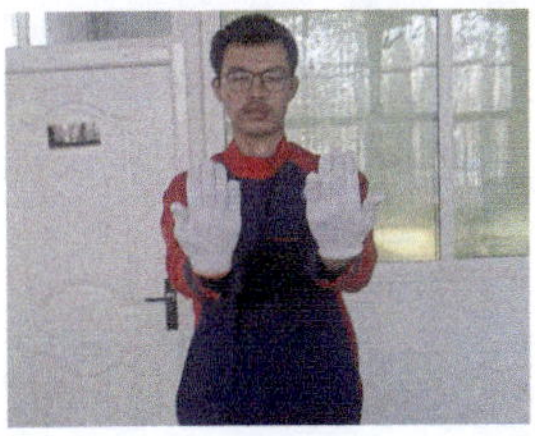	倒车灯	□ 正常 □ 异常

续表

手势	检查项目	状态
 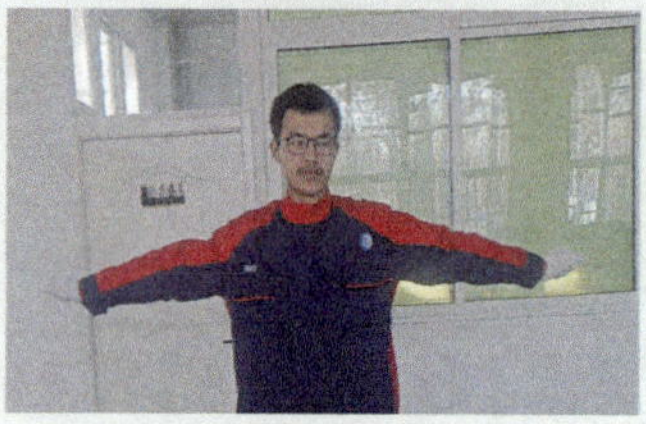	警示灯（前后）	□正常 □异常
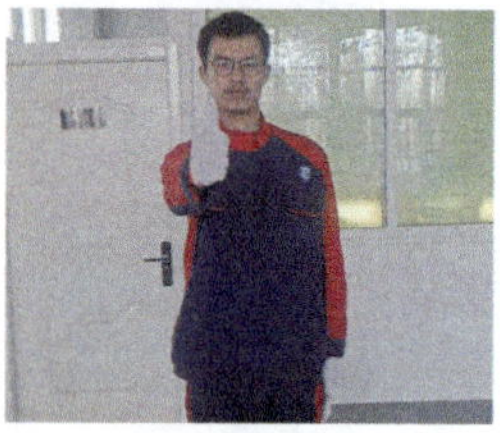	检查完毕	

调整主前照灯	调整前雾灯
带卤素灯泡的主前照灯的倾斜度为：1.0%	前雾灯倾斜尺寸：20cm
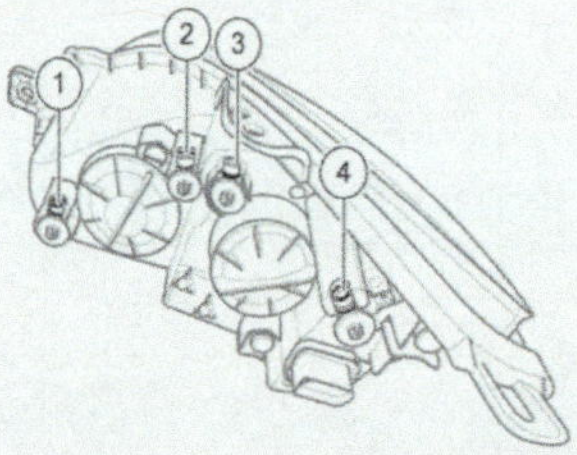	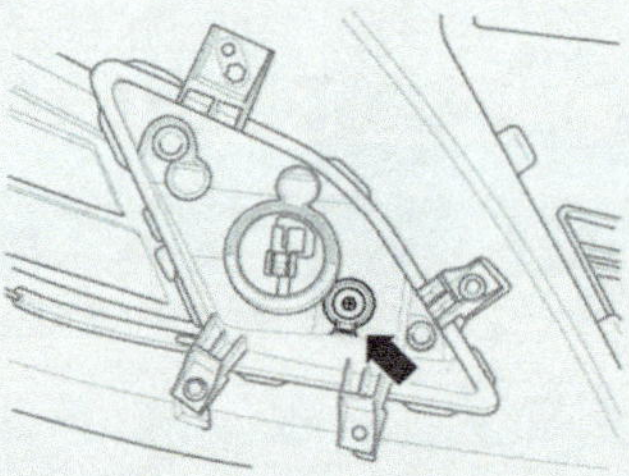
首先旋转调节螺栓①和③，调节主前照灯的照射高度；然后旋转调节螺栓②和④，左右方向调节主前照灯光线	旋转调节螺栓（上图中箭头所示）以调节前雾灯照明距离

（3）检查天窗：

	开启、关闭天窗，检测其功能状况	检查结果	□正常 □异常
		润滑	□需要 □不需要

续表

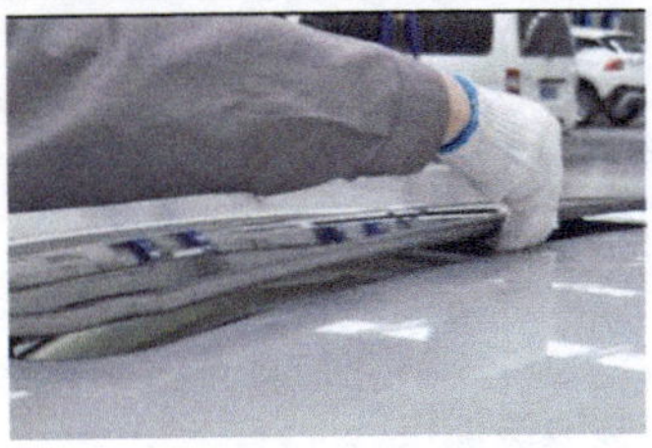	清洁并用专用润滑油脂润滑天窗导轨	选用材料	润滑油脂、干净的软布

（4）检查机仓线束及接插件：

 快充线束	快充线束	□ 正常	□ 过热	□ 变形 □ 松脱 □ 老化
	慢充线束	□ 正常	□ 过热	□ 变形 □ 松脱 □ 老化
	动力电池高压电缆	□ 正常	□ 过热	□ 变形 □ 松脱 □ 老化
	电机控制器电缆	□ 正常	□ 过热	□ 变形 □ 松脱 □ 老化
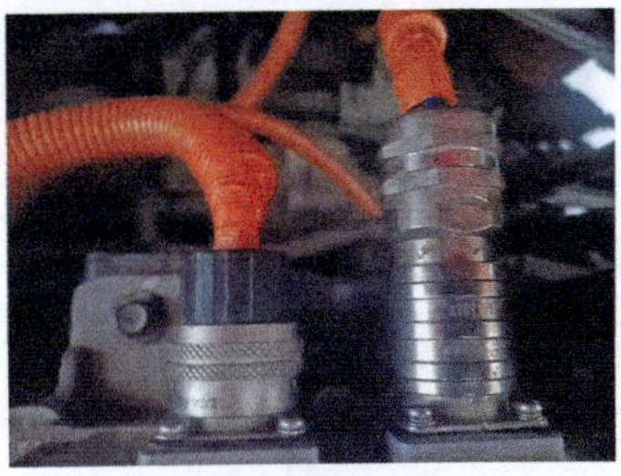 高压附件线束	高压附件线束	□ 正常	□ 过热	□ 变形 □ 松脱 □ 老化
	整车控制器线束	□ 正常	□ 过热	□ 变形 □ 松脱 □ 老化
	车载充电机低压线束	□ 正常	□ 过热	□ 变形 □ 松脱 □ 老化
	DC/DC 转换器低压线束	□ 正常	□ 过热	□ 变形 □ 松脱 □ 老化
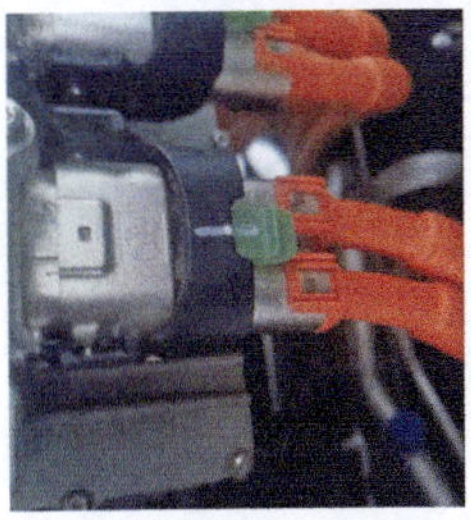 动力电池高压线缆及控制器电缆	电机控制器低压	□ 正常	□ 过热	□ 变形 □ 松脱 □ 老化
	高压控制盒低压线束	□ 正常	□ 过热	□ 变形 □ 松脱 □ 老化

（5）检查低压蓄电池状态并检测放电电流：

检查低压蓄电池的状态：

	蓄电池壳体	□正常 □损坏	壳体损坏会导致酸液流出，流出的蓄电池酸液会对车辆造成严重损坏
	蓄电池极柱	□正常 □损坏	蓄电池电极损坏，将无法保证蓄电池接线端能接触良好
	检测带有观察孔的蓄电池		“绿色”：蓄电池已充分充电 “黑色”：蓄电池部分充电，充电状态<65%或者放电 “无色或者黄色”：必须更换蓄电池
	注意事项		观察孔呈无色或者淡黄色时，不得对蓄电池进行检测或充电

检查低压蓄电池是否正确固定：

选用工具	规格	检查结果	注意事项
扭力扳手	14mm，15N·m	□正常 □松旷	1. 如果未正确固定蓄电池，可能导致其损坏。 2. 检测电池是否牢固，必要时以规定的拧紧力矩拧紧固定螺栓

检测低压蓄电池放电电流：

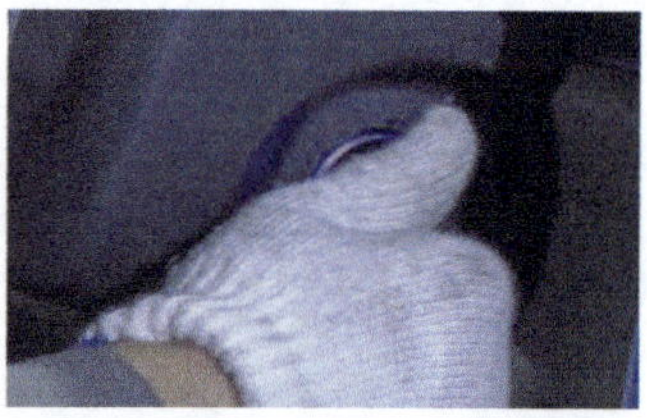	关闭车门及所有用电设备	点火开关	□LOCK □ACC □ON □START
	确认车内所有用电设备处于关闭状态	全部处于关闭状态	□是 □否

续表

	拆掉蓄电池负极侧接柱线束。	选用工具	开口扳手
		规格	10mm
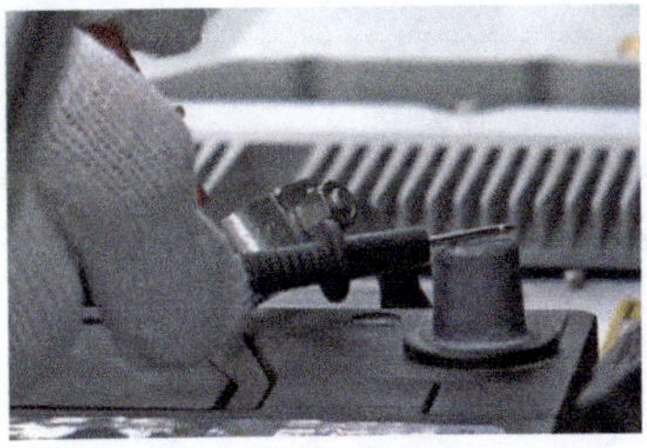	万用表两表笔分别接于蓄电池负极极柱和负极线	选用工具	万用表
	一分钟后电流会下降到最小值	电流表最终读数	测量值：______ 正常值：30mA 以下
	检测目的：通过测量放电电流可以了解车辆是否存在漏电现象		

四、评估反馈

项目	评分标准	分值	得分
接受工作任务	明确工作任务，准确记录客户及车辆信息	5	
信息收集	掌握工作相关知识及操作要点	15	
制订计划	计划合理可行	10	

续表

项目	评分标准	分值	得分
计划实施	操作前做好场地，设备，工具的准备工作	5	
	能熟练使用灯光检查手势，配合搭档检查车外各灯光状态	10	
	能根据检查结果在合理条件下，调节大灯光束	10	
	能检查电动天窗并润滑滑动导轨	10	
	能检查机舱线束及接插件状态	5	
	能检查低压蓄电池固定情况和工作状态	5	
	能正确使用万用表测量低压蓄电池放电电流	10	
	能在操作结束后整理、清洁场地	5	
质量检查	按照要求完成相应任务	5	
评价反馈	经验总结到位，评价合理	5	
得分（满分 100）			

请根据自己在课堂中的实际表现进行自我反思和自我评价。

自我反思：______________________________

____

自我评价：______________________________

____

学习活动 2

风窗玻璃清洗系统的维护保养

★ 知识目标

1. 能说出洗涤液加注的标准液位并判断是否需要添加。
2. 能说出洗涤液的作用及车辆对其防冻温度的要求。
3. 能使用冰点测试仪检测洗涤液的浓度，并判断是否需要更换或添加。
4. 能检查和调整刮水器橡胶片尖端和排水槽盖板的上边缘之间的间隙。

★ 活动准备

1. 工具：冰点测试仪、洗涤液等。
2. 其他资料：北汽 EC200 实训车辆、网络资料等。

活动过程

一、制订计划

根据车辆维护保养要求，制订如下针对风窗玻璃清洗系统维护保养的作业计划：

序号	作业项目	操作要点
1	维修作业前检查及车辆防护	高压安全及防护
2	检查洗涤液液位	洗涤液的标准加注位置
3	添加洗涤液（在需要的情况下）	洗涤液特性
4	检查洗涤液浓度	冰点测试仪的使用
5	检查并调整雨刮器位置	调整雨刮器至标准位置
6	整理、清洁场地	车间管理要求
计划审核	审核意见： 年　月　日　　签字：	

作业注意事项：

（1）实训开始前应做好个人着装准备、场地准备和工具准备。

（2）进入车内操作前，应先铺好维护保养三件套。

（3）在进行前机舱操作之前，应先铺设翼子板防护垫。

（4）当多人作业，起动运转设备或机器时，必须事先发出起动操作信号，确认安全后方可起动，并且机器设备运行时，身体及衣服应远离转动部件。

（5）当使用冰点测试仪时仔细阅读使用说明，避免不当操作造成仪器的损坏和测量不准确。

（6）在测量洗涤液时，注意不要洒在皮肤和眼睛上，测试后仔细擦净仪器。

二、实施计划

1. 维修作业前检查及车辆防护

（1）维修作业前现场环境检查：

	作业内容： 检查绝缘垫，设立隔离柱，布置警戒线，张贴警示牌 作业结果： 现场环境达标，隔离距离正常，警示标牌清晰

（2）维修作业前防护用具检查：

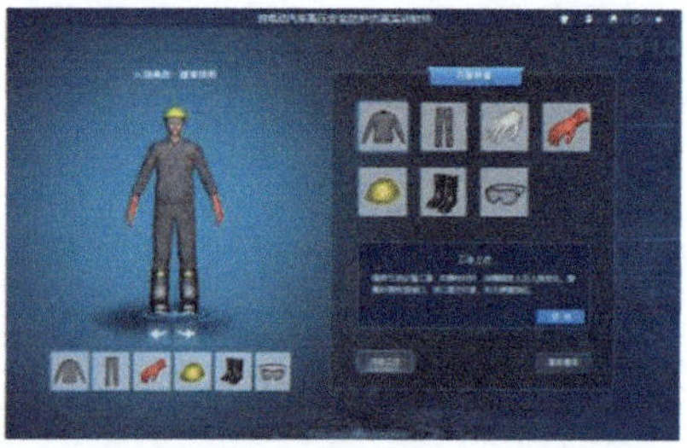	作业内容： 绝缘手套、绝缘鞋、护目镜、安全帽外观及性能检查 作业结果： 外观检查良好，绝缘手套及绝缘鞋技术参数合格

（3）维修作业前仪表工具检查：

	作业内容： 冰点测试仪外观及性能检查 作业结果： 外观检查良好，冰点测试性能正常

（4）维修作业前实施车辆防护：

	作业内容： 铺设汽车维护保养三件套、脚垫 作业结果： 车辆防护实施完毕，可以进行故障诊断、维修

2. 风窗玻璃清洗系统维护保养

（1）检查洗涤液液位：

<table>
<tr><td rowspan="4">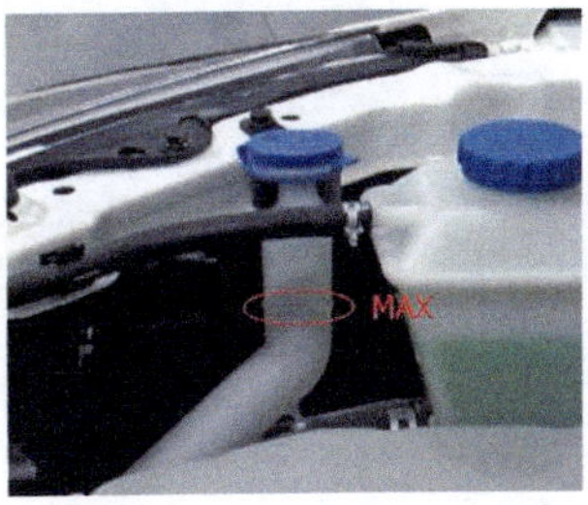</td><td colspan="2">实际液位</td><td>是否添加</td></tr>
<tr><td colspan="2">□低于 MAX 线 □MAX 线处
□高于 MAX 线</td><td>□是 □否</td></tr>
<tr><td>注意事项</td><td colspan="2">1. 洗涤液不能直接和火焰或火源接触。
2. 加注正规品牌的洗涤液，不要在储液罐中使用防冻液或醋/水溶液，否则会损坏汽车漆面和风窗清洗装置。
3. 目前要求只使用可全年使用的汽车洗涤液浓缩液</td></tr>
<tr><td>提示</td><td colspan="2">洗涤液加注量应<3.5L，如果发生溢出，应立即用水清洗污染的表面</td></tr>
</table>

（2）检查洗涤液浓度：

冰点测试仪刻度盘如图 10－3 所示。

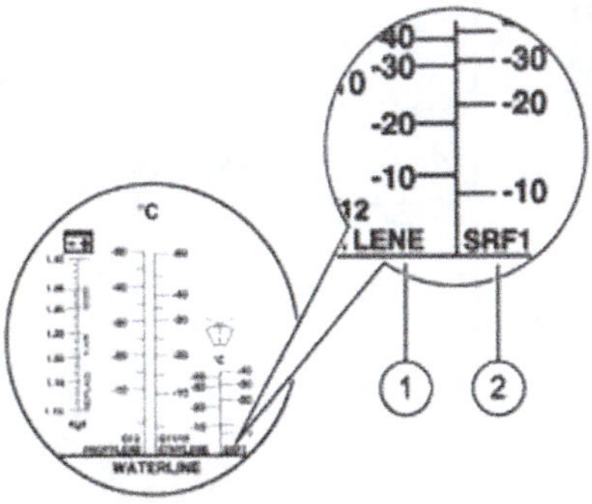

图 10－3　冰点测试仪刻度盘

①—汽车洗涤液浓缩液　②—常用洗涤液及其与汽车洗涤液浓缩液的混合液

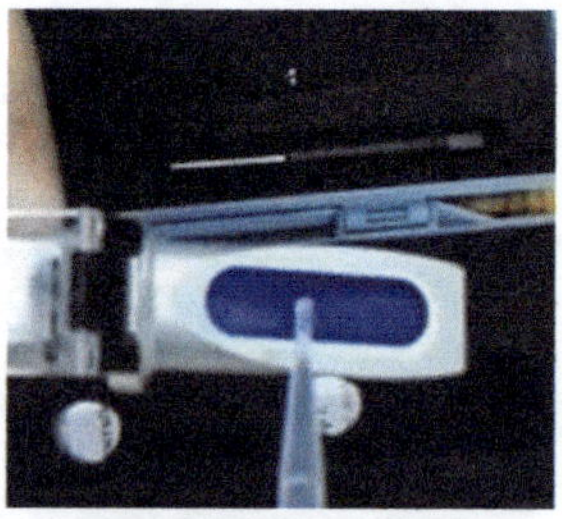 	测量步骤	1. 用柔软绒布将盖板及棱镜表面擦拭干净。 2. 将待测液体用吸管滴于棱镜表面，合上盖板轻轻按压。 3. 将冰点测试仪对向明亮处，旋转目镜使视场内刻度线清晰，读出明暗分界线在标示板上的数值即可。 4. 测试完毕，用柔软绒布擦净盖板及棱镜，清洗吸管，将仪器放还于包装盒内
	测量结果	读数：__________ □合格 □不合格，更换
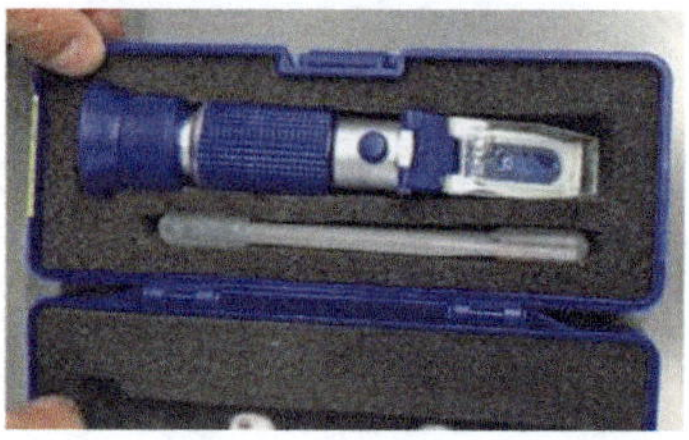	注意事项	1. 测量时，不要将洗涤液洒在皮肤和眼睛上，以防受伤。 2. 不要将液体和水滴进测量仪调节旋钮和目镜内，以免损坏内部器件。 3. 不要将测量仪长期放在相对湿度大于85%的环境中，以免光学系统受到影响。 4. 使用后立即用洁净布将测量仪棱镜和折光板擦拭干净

（3）检查风窗刮水器：

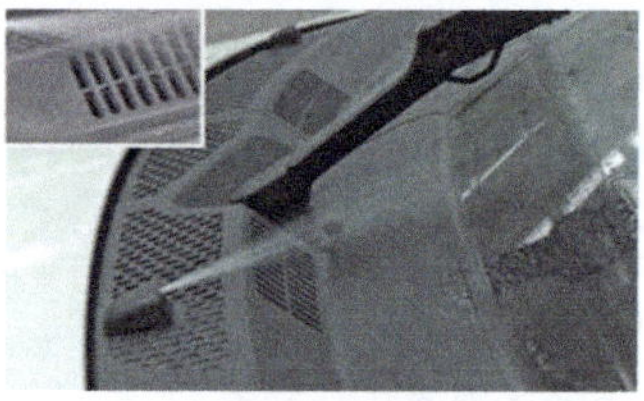 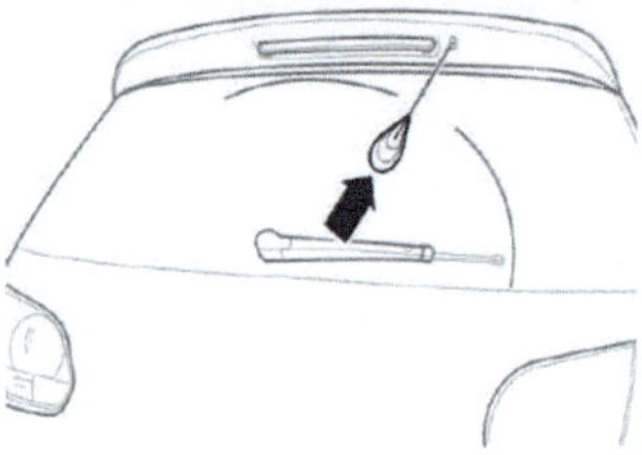	检查风窗玻璃清洗装置，调节后风窗玻璃清洗装置	选用工具	调节工具（针）
		标准位置	使得水柱可以喷射到后窗玻璃的上部三分之一处
		提示	前喷嘴不可调整，只能调整后喷嘴

续表

<table>
<tr><td rowspan="4">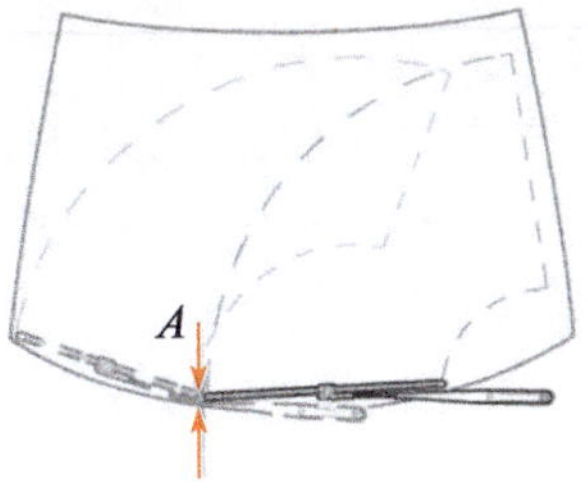
</td><td rowspan="4">检查并调整驾驶员侧风窗玻璃刮水器</td><td>选用工具</td><td>扭力扳手、套筒工具</td></tr>
<tr><td>套筒工具规格</td><td>13mm</td></tr>
<tr><td>拧紧力矩</td><td>12N·m</td></tr>
<tr><td colspan="2">刮水器橡胶片尖端和排水槽盖板的上边缘之间的距离 A 为 45mm</td></tr>
<tr><td>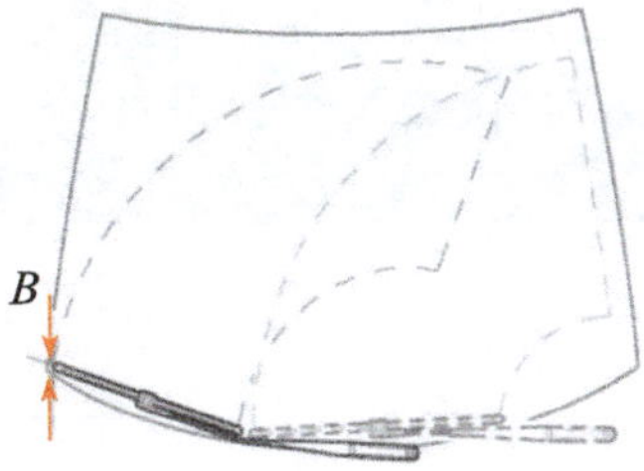
</td><td>检查并调整副驾驶侧风窗玻璃刮水器</td><td colspan="2">刮水器橡胶片尖端和排水槽盖板的上边缘之间的距离 B 为 10mm</td></tr>
</table>

三、评估反馈

<table>
<tr><th>项目</th><th>评分标准</th><th>分值</th><th>得分</th></tr>
<tr><td>接受工作任务</td><td>明确工作任务，准确记录客户及车辆信息</td><td>5</td><td></td></tr>
<tr><td>信息收集</td><td>掌握工作相关知识及操作要点</td><td>15</td><td></td></tr>
<tr><td>制订计划</td><td>计划合理可行</td><td>10</td><td></td></tr>
<tr><td rowspan="9">计划实施</td><td>操作前做好场地设备及材料工具的准备工作</td><td>5</td><td></td></tr>
<tr><td>能说出洗涤液加注的标准液位并判断是否需要添加</td><td>10</td><td></td></tr>
<tr><td>能说出洗涤液的作用及车辆对其防冻温度的要求</td><td>10</td><td></td></tr>
<tr><td>能正确使用冰点测试仪检测洗涤液的浓度</td><td>12</td><td></td></tr>
<tr><td>能给车辆添加洗涤液</td><td>5</td><td></td></tr>
<tr><td>能在使用后将冰点测试仪合理存放</td><td>5</td><td></td></tr>
<tr><td>能检查并调整风窗刮水器</td><td>5</td><td></td></tr>
<tr><td>能在整个操作过中规范操作，避免意外事故发生</td><td>5</td><td></td></tr>
<tr><td>能在操作结束后整理、清洁场地</td><td>3</td><td></td></tr>
<tr><td>质量检查</td><td>按照要求完成相应任务</td><td>5</td><td></td></tr>
<tr><td>评价反馈</td><td>经验总结到位，评价合理</td><td>5</td><td></td></tr>
<tr><td colspan="3">得分（满分 100）</td><td></td></tr>
</table>

请根据自己在课堂中的实际表现进行自我反思和自我评价。

自我反思：____

____

自我评价：____

____

学习任务过程评价表

班级：________　　姓名：________　　学号：________

项目	自我评价			小组评价			教师评价		
	9～10	6～8	1～5	9～10	6～8	1～5	9～10	6～8	1～5
	占总评 10%			占总评 30%			占总评 60%		
学习活动 1									
学习活动 2									
协作精神									
纪律观念									
表达能力									
工作态度									
安全意识									
任务总体表现									
小计									
总评									

任课教师：________　　年　月　日

学习任务 11

空调系统维护保养

任务目标

1. 能够进行电动汽车空调系统维护保养、空调制冷剂加注。

2. 掌握企业安全规章制度，树立安全生产意识。

工作情境

学院合作的汽车维修企业反馈某车辆空调发生故障，具体现象为制冷效果差，但制热正常。需要我们来检测空调系统是否存在异常，并向车主说明如何做好空调系统日常保养。

工作流程与活动

学习活动 1：空调系统的基本检查。

学习活动 2：空调制冷剂加注。

学习活动1

空调系统的基本检查

★ 知识目标

1. 正确识别空调控制面板各按钮的名称，并清楚其功能。
2. 了解空调的几种出风模式，能按要求正确操作按钮。
3. 能根据出风口温度及出风量判断出各模式下空调工作情况。
4. 使用正确的方法检查空调 PTC 工作情况。
5. 正确检查空调管路、线束及压缩机工作情况。
6. 掌握更换空调滤芯的方法，并能正确清理空调滤芯。

★ 活动准备

1. 工具：线手套、空气喷枪、手电筒、维修工具等。
2. 检测设备：北汽 EC200 实训车辆、解码仪、绝缘垫等。
3. 其他材料：维修手册、网络资料等。

活动过程

一、了解电动汽车空调系统维护保养相关知识

电动汽车空调系统结构如图 11 - 1 所示。

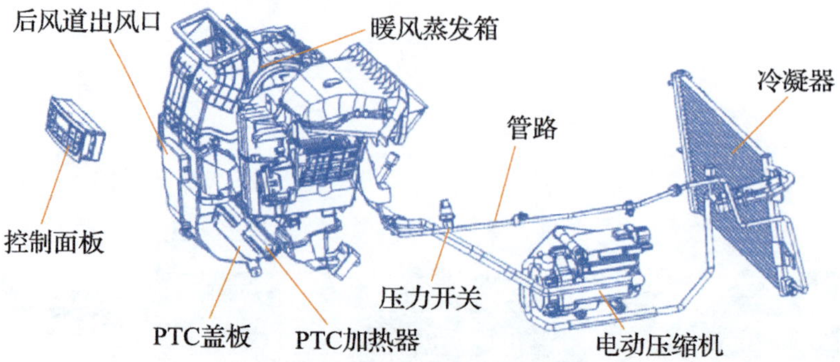

图 11 - 1　电动汽车空调系统结构

电动压缩机结构如图 11 - 2 所示。

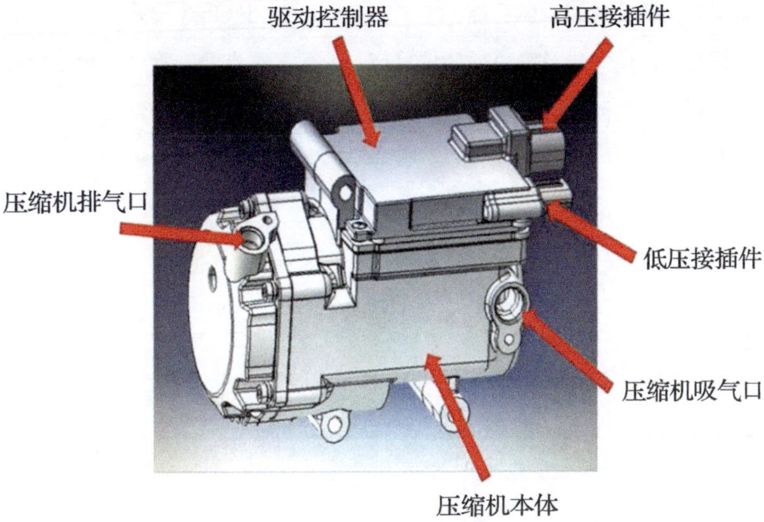

图 11 - 2　电动压缩机结构

制冷剂检漏仪结构如图 11 - 3 所示。

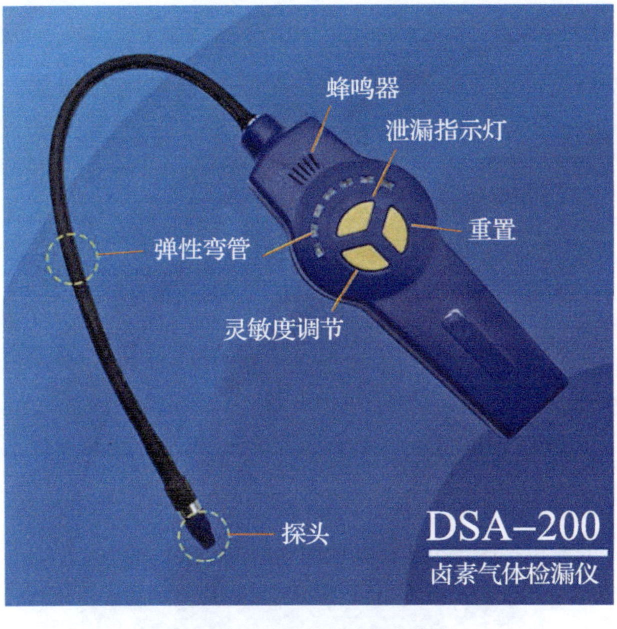

图 11 - 3　制冷剂检漏仪结构

二、制订计划

根据电动汽车维修要求，制订如下空调系统基本检查的作业计划：

序号	作业项目	操作要点
1	检查空调冷风、暖风功能	切换出风模式
2	检查空调压缩机及线束插接件状态	重点检查管路连接位置
3	检查空调滤芯是否脏污	拆卸时勿用蛮力
计划审核	审核意见： 年　月　日　　　签字：	

作业注意事项：

（1）实训开始前应摘掉戒指、手表和项链，脱去宽松的衣服，换上实训服，长头发应挽起固定于脑后。

（2）当就车工作时，应施加驻车制动，除非特定操作要求置于其他挡位，否则应将挡位置于N挡。

（3）双手及其他物体不得接触风扇叶片，尤其是电动冷却风扇，确保电源完全断开后，才能在冷却风扇附近进行工作。

三、实施计划

1. 空调冷暖风功能检查

（1）进入车内，打开空调开关。调节温度控制旋钮，将其调整到冷风。调节风量旋钮，将风量调整至最大。

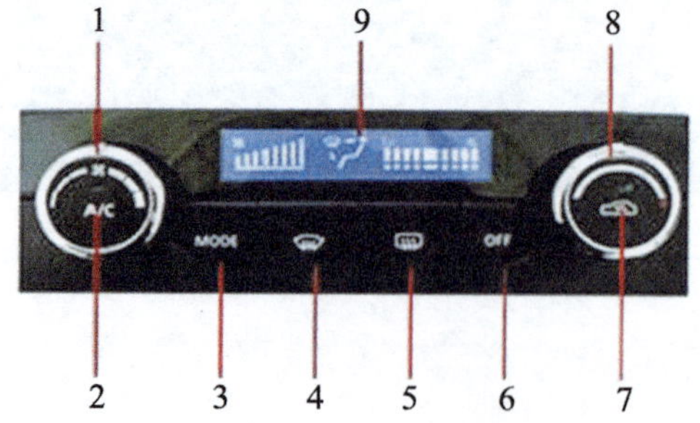

1	风速调节	2	A/C 开关	3	模式调节键	4	前除霜快捷键	5	后除霜快捷键
6	空调关闭键	7	循环模式开关	8	温度	9	液晶显示屏		

（2）切换空调出风模式至“吹脚”模式，检查驾驶员位置脚底出风口是否有凉风，出风量是否足够。

<table>
<tr><td rowspan="4">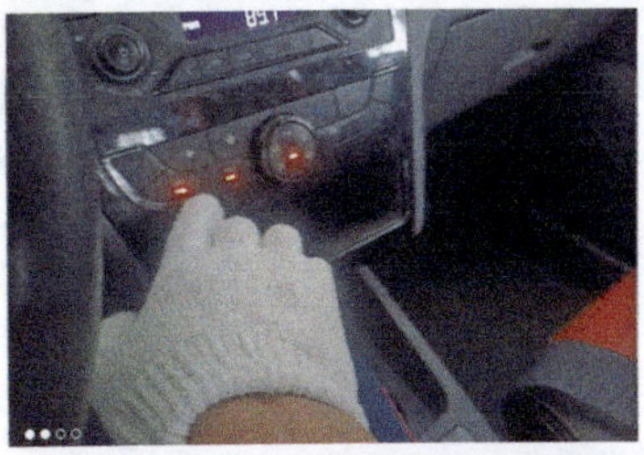
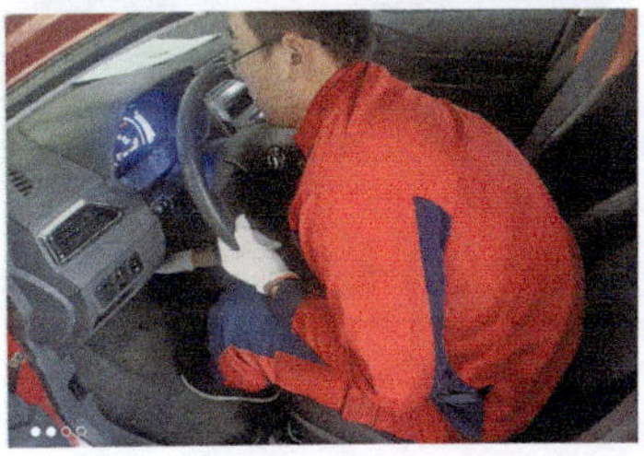</td><td></td><td>仅面部通风</td><td></td><td>面部和脚部通风</td></tr>
<tr><td></td><td>仅脚部通风</td><td></td><td>脚部通风、前挡风玻璃除霜</td></tr>
<tr><td colspan="2">是否有凉风</td><td colspan="2">□是 □否</td></tr>
<tr><td colspan="2">出风量大小</td><td colspan="2">□大 □小 □无</td></tr>
</table>

（3）切换出风模式到车窗除雾或除湿，检查风窗玻璃处出风口是否有凉风，出风量是否足够。

<table>
<tr><td rowspan="2">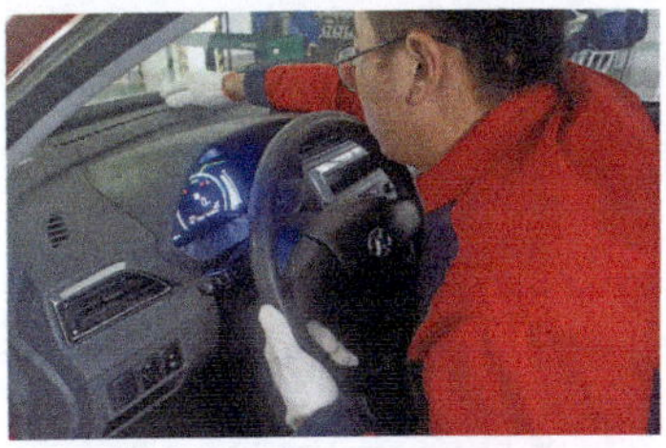</td><td>车内玻璃表面起雾的原因</td><td colspan="3">□车外温度低，车内温度高
□车外温度高，车内温度低</td></tr>
<tr><td>是否有凉风</td><td>□是
□否</td><td>出风量大小</td><td>□大
□小
□无</td></tr>
</table>

（4）调节温度控制旋钮，将其调整到暖风，切换空调出风模式，切换至“吹脚”模式，检查驾驶员位置脚底出风口是否有暖风，出风量是否足够。

<table>
<tr><td rowspan="2">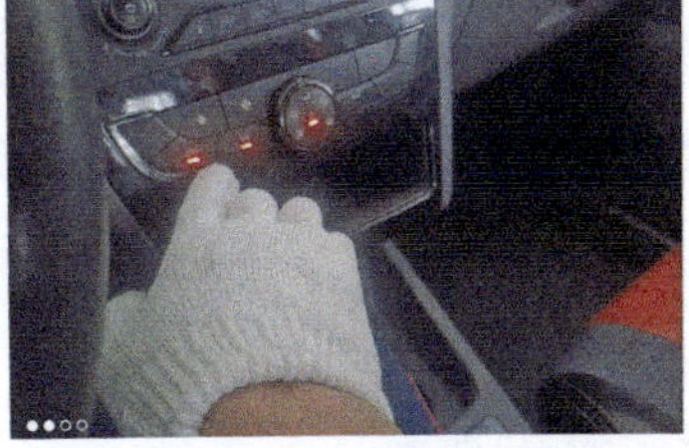</td><td>是否有暖风</td><td>□是
□否</td></tr>
<tr><td>出风量大小</td><td>□大
□小
□无</td></tr>
</table>

（5）切换出风模式到车窗除霜状态，检查风窗玻璃处的出风口是否有暖风，出风量是否足够。

<table>
<tr><td rowspan="2">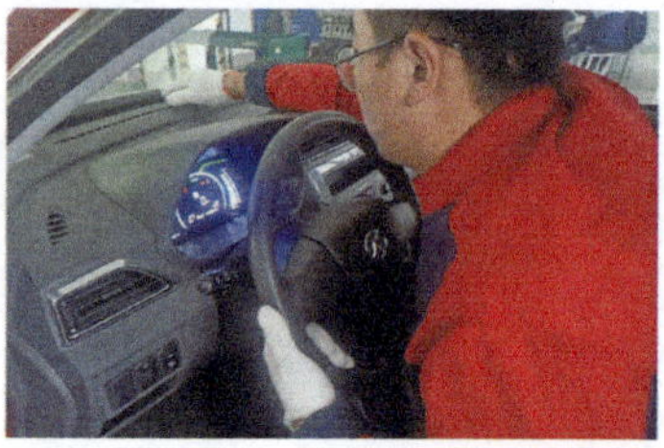</td><td>车外玻璃表面起雾的原因</td><td colspan="3">□车外温度低，车内温度高
□车外温度高，车内温度低</td></tr>
<tr><td>是否有暖风</td><td>□是
□否</td><td>出风量大小</td><td>□大
□小
□无</td></tr>
</table>

（6）切换出风模式到吹面模式，检查中控面板上方及两侧车门附近的出风口是否有暖风，出风量是否足够。

<table>
<tr><td rowspan="2">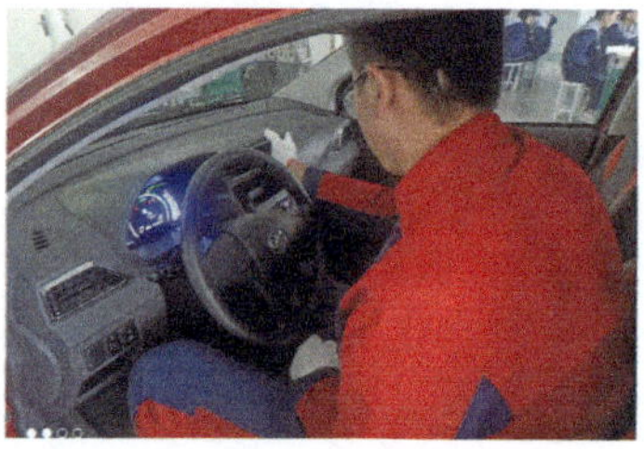</td><td>是否有暖风</td><td>□是
□否</td></tr>
<tr><td>出风量大小</td><td>□大
□小
□无</td></tr>
</table>

（7）在出风口处轻微扇动，闻一下吹出的风是否有焦糊味，如果有，则需进一步检查PTC加热器。

<table>
<tr><td rowspan="2">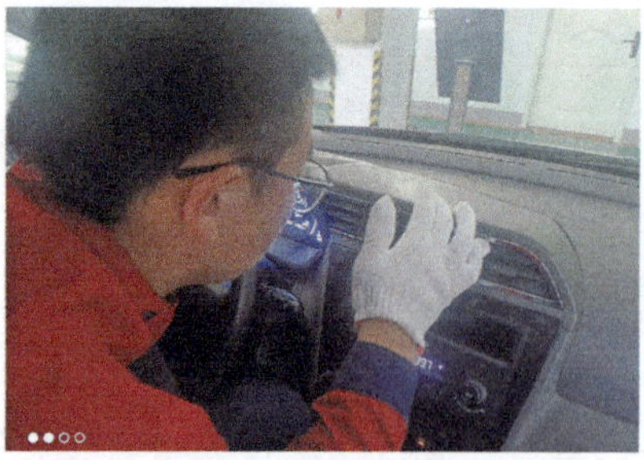</td><td colspan="2">空调出风口有焦糊味的可能原因</td><td colspan="2">□空调进气口堵塞
□线路老化
□PTC控制模块损坏粘连</td></tr>
<tr><td>是否有暖风</td><td>□是
□否</td><td>出风量大小</td><td>□大
□小
□无</td></tr>
</table>

（8）关闭空调，完成冷暖风功能检查工作。

2. 检查空调压缩机及线束插接件状态

（1）打开前机舱盖，观察空调管路是否有凹陷，是否有制冷剂泄漏。

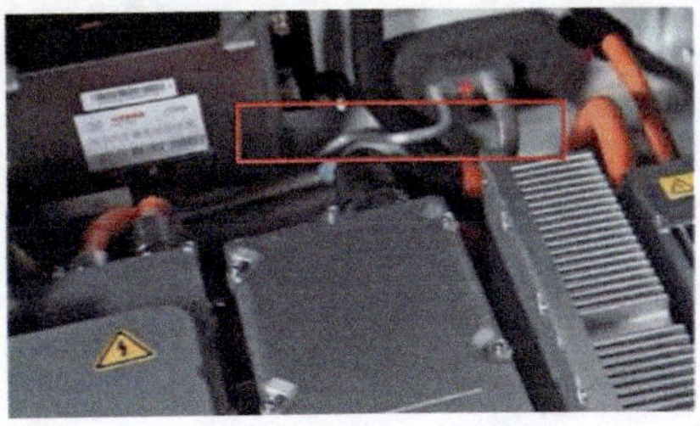	检查空调管路表面，观察其是否有凹陷	外观检查情况	□完好 □轻微损坏，无须修复 □损坏，需修复
	检查空调管路各接头处是否有制冷剂泄漏	是否有泄漏	□是 □否

（2）举升车辆，观察电动空调压缩机外观，检查其安装是否牢固，连接线束是否有破损。

	外观检查情况	□完好 □有轻微划痕，无须修复 □损坏，需修复
	安装检查情况	□安装牢固 □安装松动，需紧固
	线束检查情况	□安装牢固 □无破损 □安装松动，需紧固

3. 检查空调滤芯是否脏污

（1）拆开空调滤芯外护板卡扣，取出挡板。

	空调滤芯位置	副驾驶扶手箱下方
	空调滤芯的作用	过滤从外界进入车厢内部的空气
	拆除卡扣数量	1个

（2）取出空调滤芯，检查其是否脏污。如果脏污不明显，进行简单清理即可；如果脏污严重，则更换新的空调滤芯。

	清理空调滤芯时可使用的工具	 空气喷枪	 清水
	空调滤芯干净程度	□很干净 □需要清理 □需要更换	

（3）处理后，将空调滤芯装回到原处，并盖好挡板。

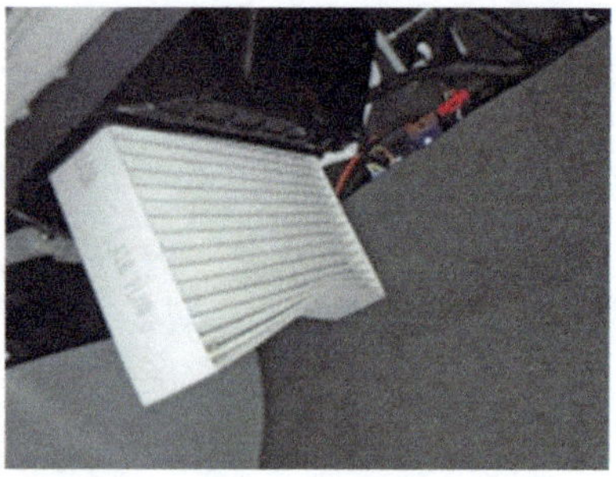	当装回空调滤芯时，文字朝向	□向上 □向下

四、评估反馈

项目	评分标准	分值	得分
接受工作任务	明确工作任务，理解任务在车辆维护保养中的重要程度	5	
信息收集	知道汽车空调系统的作用和组成部分	2	
	能画出汽车空调系统组成结构图	8	
	知道电动压缩机的工作条件和插件的针脚定义	6	
	知道空调加热 PTC 板的结构	2	
制订计划	制订空调系统工作、管路泄漏检测以及检查空调滤芯的作业计划	10	
	能协同小组人员安排任务分工	5	
	能在实施前准备好所需要的工具器材	5	

续表

项目	评分标准	分值	得分
计划实施	正确识别出空调控制面板各按钮的名称，清楚其功能	4	
	清楚空调的几种出风模式，能按要求正确操作按钮	8	
	能根据出风口温度及出风量判断各模式下空调工作情况	8	
	使用正确的方法检查空调 PTC 工作情况	5	
	正确检查空调管路、线束及压缩机工作情况	3	
	使用正确的工具拆出空调滤芯	8	
	知道如何清理空调滤芯	5	
	正确安装空调滤芯	2	
质量检查	学生任务完成，操作过程规范	10	
评价反馈	学生能对自身表现情况进行客观评价	2	
	学生在任务实施过程中发现自身问题	2	
得分（满分 100）			

请根据自己在课堂中的实际表现进行自我反思和自我评价。

自我反思：______________________________

____

自我评价：______________________________

____

学习活动 2 空调制冷剂加注

★ 知识目标

1. 在对车辆空调系统操作前，能做好相关准备工作。

2. 正确使用冷媒回收充注机完成制冷剂回收及加注作业。

3. 正确使用冷媒回收充注机完成抽真空及加注冷冻油操作。

4. 制冷剂加注操作以后，能正确完成空调测试操作并做好记录。

★ 活动准备

1. 工具：线手套、手电筒、维修工具等。

2. 检测设备：北汽实训用车、汽车维护保养三件套、制冷剂回收加注机、冷冻油、制冷剂、电子检漏仪等。

活动过程

一、制订计划

根据电动汽车维修要求，制订空调系统制冷剂的回收及加注的作业计划：

序号	作业项目	操作要点
1	空调系统作业准备	车辆预热
2	制冷剂加注作业	制冷剂回收加注机的使用
3	空调性能测试	空调压力表组的使用
4	结束操作，恢复场地	维修场地 5S 管理
计划审核	审核意见： 年　月　日　　签字：	

作业注意事项：

(1) 穿戴手套、防护服和护目镜。

(2) 在通风良好的环境下使用制冷剂回收加注机。

(3) 在进行任何操作之前，首先确认该设备使用的制冷剂与汽车使用的制冷剂相同。

(4) 不要在热源、明火或易产生火花的地方使用该设备。

(5) 红色的软管/快速接头接到空调系统的高压端，蓝色的接到低压端。

（6）请在每次回收完之后打开旧油阀排放废油。

（7）避免液体制冷剂喷射人体引起冻伤，避免制冷剂遇明火分解引起酸雾侵蚀。

（8）当检查空调压缩机及线束情况时，务必先进行高压断电操作。

二、实施计划

1. 准备工作

（1）起动车辆，打开空调制冷功能，进行预热。

<table>
<tr><td rowspan="2">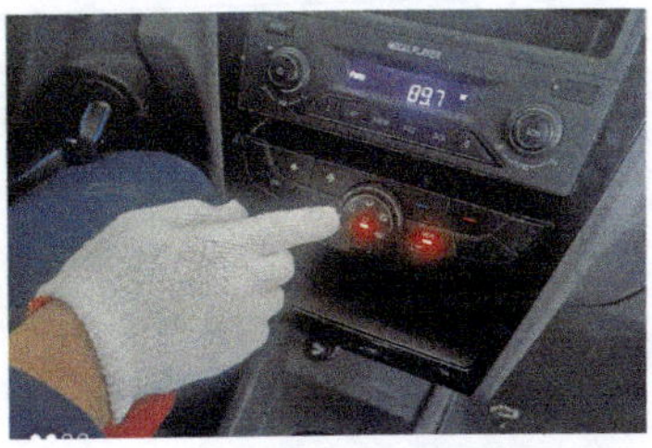</td><td>车辆状态</td><td>□运行
□停机</td></tr>
<tr><td>预热（分钟）</td><td>□1 分钟
□5 分钟
□10 分钟
□15 分钟</td></tr>
</table>

（2）对空调系统检漏，确认无泄漏后关闭车辆点火开关。

<table>
<tr><td rowspan="3"></td><td>使用设备</td><td>电子检漏仪</td><td>型号</td><td></td></tr>
<tr><td>检查位置</td><td>□压缩机泵头</td><td>□管路接头</td><td>□空调出风口</td></tr>
<tr><td>是否有泄漏</td><td>□有
□无</td><td>泄漏位置</td><td></td></tr>
</table>

（3）将制冷剂回收加注机的高、低压管路与空调系统的高、低压管路相连接。

<table>
<tr><td rowspan="3">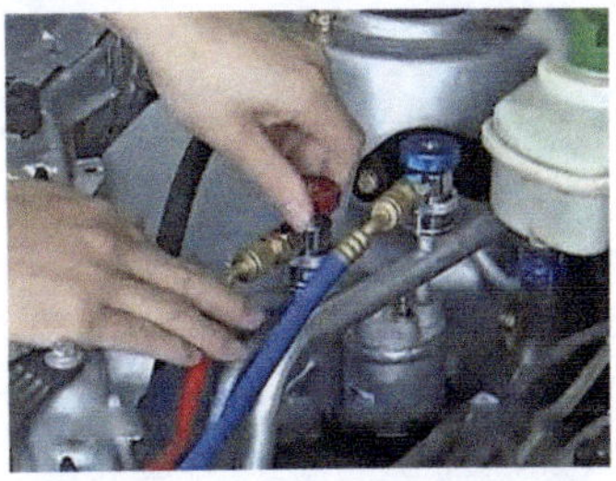</td><td>系统高压端连接软管颜色</td><td>□红 □蓝</td></tr>
<tr><td>系统低压端连接软管颜色</td><td>□红 □蓝</td></tr>
<tr><td>安装时快修接头阀门状态</td><td>□开启 □关闭</td></tr>
</table>

2. 制冷剂加注

制冷剂加注作业：

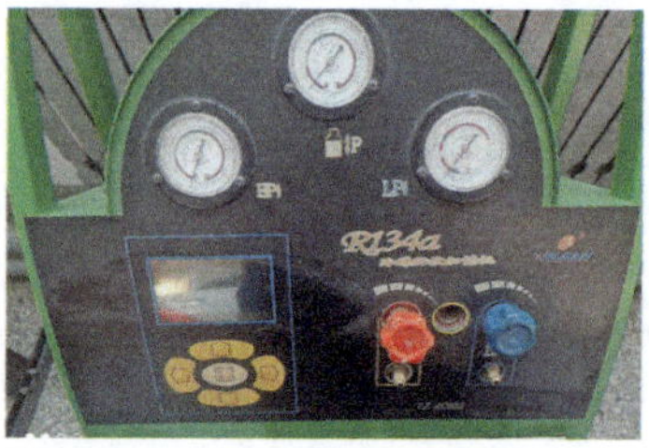	打开电源开关，根据车型查找制冷剂加注量	使用设备	制冷剂回收加注机
		型号	AC350C
		高压表压力（kPa）	
		低压表压力（kPa）	
		车型	EV200
		制冷剂型号	R134a
		制冷剂量（kg）	0.5
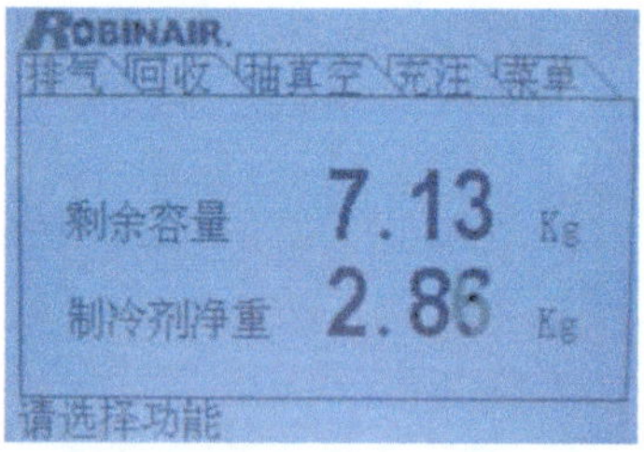	检查工作罐中制冷剂净重	剩余容量（kg）	
		制冷剂净重（kg）	
		是否需要添加	□是 □否
		原因	净重不足3kg应添加；净重达到加注量的3倍也可充注
	选择制冷剂充注量进行充注	选择充注量	0.25kg
		阀门操作	关闭低压阀，打开高压阀
		目的	进行单管充注
		注意：加注量应根据实际需要选择	
	充注完成，关闭高压阀	屏幕显示	充注完成，请取下红蓝管，并按下“确认”进行管路清理，已充注0.25kg
		警示灯动作	闪三次
		蜂鸣器动作	同时发出三声“滴”
		断开加注管与制冷系统方法	逆时针旋转高压快速接头

续表

	清理管路，取下软管	屏幕显示	管路清理完成，请退出
		警示灯动作	闪三次
		蜂鸣器动作	同时发出三声“滴”
		阀门操作	关闭控制面板上的高低压阀门
		取下高、低压软管	□ 完成 □ 否

3. 空调性能测试

空调性能测试作业：

	打开所有车门，起动车辆，运转空调	空调风量设置	□ 最小 □最大
		温度设置	□ 最高 □ 最低
	查找空调制冷系统是否有泄漏	使用仪器	电子式或荧光式检漏仪
		检测位置	管道、管接头处
	对空调制冷系统进行压力检测	低压测压力	0.147～0.192MPa
		高压测压力	1.37～1.62MPa
		是否正常	□ 是 □ 否

续表

 	出风口温度检测	空调运转时长	5～6 分钟
		出风口温度	0℃～5℃
		是否正常	□是 □否

取下空调压力表组，完成制冷剂添加作业。

三、评估反馈

项目	评分标准	分值	得分
接受工作任务	明确工作任务，理解任务在车辆维护保养中的重要程度	5	
信息收集	正确描述空调制冷剂回收充注机的功能	2	
	熟知空调制冷剂回收充注机控制面板的六个区	2	
	能画出制冷剂回收加注机对汽车空调进行保养的流程图	6	
	知道如何使用制冷剂回收加注机回收制冷剂	6	
	正确描述空调系统抽真空的操作过程	2	
制订计划	制订空调系统作业准备、制冷剂回收作业、抽真空、制冷剂加注、空调性能测试的作业计划	10	
	能协同小组人员安排任务分工	5	
	能在实施前准备好所需要的工具器材	5	
计划实施	在进行空调制冷剂相关操作时，首先预热车辆	5	
	使用空调检漏仪检测空调管路是否有泄漏	5	
	正确连接制冷剂回收充注机和车辆空调高、低压检测阀口	10	
	正确使用制冷剂回收加注机加注适量制冷剂	10	
	完成车辆测试操作并做好记录	10	

续表

项目	评分标准	分值	得分
质量检查	学生任务完成，操作过程规范	10	
评价反馈	学生能对自身表现情况进行客观评价	3	
	学生在任务实施过程中发现自身问题	4	
得分（满分100）			

请根据自己在课堂中的实际表现进行自我反思和自我评价。

自我反思：________________________________

____

自我评价：________________________________

____

学习任务过程评价表

班级：________ 姓名：________ 学号：________

项目	自我评价			小组评价			教师评价		
	9～10	6～8	1～5	9～10	6～8	1～5	9～10	6～8	1～5
	占总评10%			占总评30%			占总评60%		
学习活动1									
学习活动2									
协作精神									
纪律观念									
表达能力									
工作态度									
安全意识									
任务总体表现									
小计									
总评									

任课教师：________ 年 月 日

参考文献

［1］郑军武 . 新能源汽车技术［M］. 长春：东北师范大学出版社，2019.
［2］张珠让 . 电动汽车维护保养［M］. 北京：机械工业出版社，2018.